坂之上 2006年

ライフ・トーク

学生たちと歩いて聞いた坂之上の35名

はじめに

ジェフリー・S・アイリッシュ

鹿児島市街の南の端っこに坂之上という地区がある。名前の通りここには坂があり、その上に人々は住んでいる。建売の家々や学生向けのアパートが多く、一見どこにでもあるベッドタウンだ。

私は六年前から坂之上にある鹿児島国際大学で、「まちづくり」や「民俗学」についての授業やゼミを受け持っている。最初の四年間は、ゼミ生と共に南薩や大隅へ出かけて、いくつかの集落のあり方を調べてきた。しかし二年前から、遠くのどこかではなく、自分たちの大学がある坂之上を歩いてみることにした。

それから毎週、学生たちはペアを組んで、カメラや録音機を手に研究室の窓から見える景色の中へと出かけて行った。二、三時間経つと、彼らは興奮して研究室に戻って来た。「大学のすぐ裏に昔の暮らしがまだ残っている」、「大学の前で九十歳のおじいさんが今も車の修理をしている」、「霊や妖怪が見えるお姉さんと会ってきたよ」などと、今見て聞いてきたことを早く

報告したくてたまらない様子だった。

　私は、学生たちの開拓力に感動した。知らない店に入り、民家のドアをノックし、人々に話しかけ、満遍なく歩きまわった学生たち。一年かけてゆっくりと、この地域に暮らす五十名から話を聞いた。

　人々と直接会って話を聞いているうちに、「坂之上」という地域がどんどん面白くなってきた。一人一人が歩んできた人生や想い、坂之上の昔と今、住民同士のつながり。それらを知れば知るほど、それまでモノクロにしか映らなかった景色に、少しずつ色がついていったようだった。そして、一見どこにでもあると思っていたベッドタウンが、「生き生きと人々が暮らす町」に変わっていったのだった。

はじめに　4

人よかれば我がよかで　川村京子　川村鍼灸院　26

お客さんの前では笑う　河東俊二　やきとりやさん　36

九州一の牧場経営者　鮫島宗徳　鮫島牧場　46

生き様を反映する自転車　中島脩　坂之上サイクルステイション　60

お日様と月の美しさを愛でる　藤明美　唄い手　70

問いから学ぶ人生　口羽勝法　照蓮寺住職　82

元気な声が聞こえる保育園　野中由利子　ペコちゃん保育園坂之上園長　94

別府の暮らし　別府和志　会社員・ひで子　農業　102

世の中、こんな仕事あるんだ　西村通雄　シオンの家施設長　114

九十歳の現役修理工　田淵一夫　南薩自動車整備工場　124

農協で四半世紀　川添スミ子　農協女性部顧問　134

長太郎の黒　有山明宏　清泉寺長太郎焼窯元　142

幼稚園バスの運転手
桑代光春　幼稚園バス運転手　152
近くでつくりたての野菜を
中村勉　農業　162
幸せを運ぶ「ピエロ」
吉嶺陽子　プレゼントショップ ピエロ　170
笠松部落
竹ノ内正徳　農業・アヤ子　農業　178
日常が修行
鮎川真紀　お茶屋「庵」　194
命のつながり
武純郎　くだもの処「たけ屋」・律子　主婦　204
坂の上のピアニスト
新屋満規　ピアニスト　214
厳しく追及、自分の失敗
小田健二郎　農業・障害者支援　224
造園の感性
間世田吉宣　桂造園　232
地域に愛されるお店に
有村明美　レストラン ニコラ　244
お仏壇屋さん
湯田雄一　結喜仏壇　252
人とつながる雑貨屋さん
園田陽子　ハンドメイド じゅえるむ　264
人生は木材関係のことばかり
伊地知一郎　材木屋・洋子　美容師　272
自分の居場所
草宮剛一　Gaya coffee　284

救ったり救われたり
橘 天真 橘会 霊能者 296

町内会は公園で
末吉利光 星和会会長 304

まちのお菓子屋さん
前田知恵子 菓子工房「まえだ」 314

消防マニアの大工さん
内大久保清志 内大久保建設 324

笠松で九十年
竹ノ内四夫 農業 336

あとがき
地域の魂に触れる 344

何気ない日常の積み重ね 347

鹿児島市 坂之上地図

40

踏
切
月極駐車場
上原眼科
積 3 t

DIESEL CAR
2000DC
2000DC

坂之上
SAKANOUE
ごいの
鹿児島県
鹿児島市
たにや
TANIYA

225

凡例

・インタビュー原稿を書き起こすにあたり、方言を含め可能な範囲で語り口を残すよう努めた。
・現在では偏見を喚起する恐れのある表現であっても、語り手の用いた表現を尊重し、訂正はしていない。
・語り手の肩書き、所属、年齢などはインタビュー当時のものとした。
・「取材」として記載されている名前は「インタビューに参加した学生」および「原稿を書き起こした学生」である。
・それぞれの最後の見開き写真に、取材した学生の感想を記載した。

人よかれば我がよかで

川村 京子

川村鍼灸院 昭和十九年生

取材
大迫辰嘉
川畑龍馬

女の神様

私たちが小さい頃、経済大学（現・鹿児島国際大学）の辺りは全部山だった。山っていうか丘みたいなところで自然が豊かで、おっきな木がいっぱいあって涼しくてね。弁当箱を持って遊びに行って、木に登ってドングリとったり。とにかくいいところでした。竹藪の中にある一軒家までグミの実をとりに行きたいけど、幽霊屋敷みたいで怖くて行ききらなかったのをおぼえています。

昔はアイスキャンディー屋さんがチリチリチリチリ〜って鳴らしながら来てね。今では見られない光景。タイヨーがある辺りで昔は鬼火焚きをやって

いましたよ。こっちの人は「おねっこ」って言うんだけど。正月におうちの飾りものとか持っていって畑で焚いてね。あと鮫島牧場っていうのがあったんです。そこは温泉がでて食堂があって、とても広くてね。子どもが小さい頃はよくご飯を食べに連れて行きおったですよ。

坂之上は水がなくて、私たちも朝早く起きて水を汲んでいました。ここら辺には四畳半くらいの大きさの岩がずーっとあって、山から水を引いていましたね。今は星和台《せいわだい》の団地になったところが水汲み場になっていて、この辺の飲み水や風呂の水になっていた。私たちはそこで周りの竹に登ったり滑ったりして、遊びながら水の当番をしおったですよ。

水は汲めば透き通っているんだけど、水瓶がいっぱいになると白く濁った牛乳みたいな色をしていてね。それで地元の人たちが「ここには女の神様がいる」と言っていました。

地域のおじさんたちが協力して簡易水道をつくってね。畑の辺りも昔は水道管が埋まっていましたよ。みんなで穴をずーっと掘って水を山から引いてね。大変だったと思う。今は市の水道になりましたけど。

支払いがお魚

主人の実家は鹿屋《かのや》の高須の海岸端で、おばあちゃん（ご主人の母）が鍼灸院をなさっていてね。けれども農漁村は現金がないでしょう。患者さんがお金を払わないで、魚がとれたとき持って来るっていう支払いだったそうです。そういったことがあって鹿屋のもっと山のほう、吾平《あいら》山陵近くの商店街に、昔の家をそのまま移築して引っ越ししてきたの。知覧《ちらん》の武家屋敷みたいに古い家でしたよ。でもだんだん人口が減ってきたから、主人は坂之上で開業したんです。昭和五十九年だったと思います。

おばあちゃんは八十歳まで鹿屋で鍼灸の仕事をしていらしたの。晩年は坂之上に引きとって一緒に暮らしました。それはもう、良いおばあちゃんでね。私も大事にしてもらいました。おばあちゃんが初代で二代目が主人、三代目になるうちの次男が大阪で鍼灸をしています。長男は熊本で技術系の会社に勤めていますよ。

そうするものなのかな

この病院のある場所はちょっと奥に引っこんでいるけど、ぼちぼち仕事をするにはいいですよ。知っている人は訪ねてきてくださるから。お客さんの中には、ここに来るといろんな鳥がいたり柿があったりするから、「四季を感じる」と言って喜ぶ人も多いです。

ここに来たのはもう三十何年前になりますけれども、一日も欠かさず患者さんにお茶を入れて、何かしらつくったものをさしあげています。というのも主人の母が、治療が済んだらみんなにお茶を飲ませていたんです。私は最初のうちは何もわからずに、「そうするものなのかな」と思ってやっていましたよ。治療のあとは待合室で、ゆっくりお茶を飲みながら語るんですね。ここでお茶を飲むように設計してもらって、保健所にも許可が通るようにしていただいています。

音楽もほら、かかっているでしょう。主人が音楽が好きなのね。年配の人が来たときは昔の三波春男とかをかけて、若い人が来たときはクラシッ

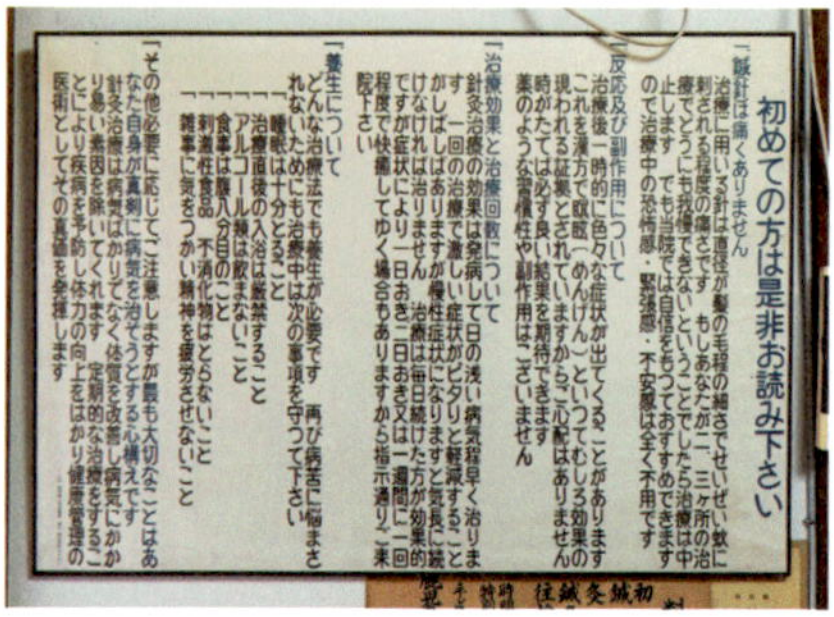

クとかジャズをかけて、それぞれの年齢に合わせています。主人はいつも裸足で、真冬でも半袖しか着ないの。元気ですよ。釣りが大好きでね、週二、三回は野間池《のまいけ》に行って釣りをしています。野間池の有名人です（笑）。釣ってきた魚は隣近所にあげていますよ。この辺りには昔の近所付き合いがまだまだ残っています。近くの人が「大根がとれたよ」って持ってきてくれたり、私からもなんかつくったらあげたりね。

私は午後から休診になる水曜日が楽しみでね。友達とあっちこっち食事に行って、時期になればコスモスを見に、お弁当を持って行ったり。友達と「今日はどこ食べに行く？」って、いつも食べ歩きに行くの。

人の輪

高校生で野球をしてる子なんか、試合の前に治療に来てくれますよ。小学校の頃から来ている子もいる。若い人は喘息や蓄膿《ちくのう》とかで来ますね。年配の人はぎっくり腰の人が多いですよ。針は痛くないんです。薬と違って

自然治療で、なんも副作用がないですしね。疲れとか痛みが嘘みたいに和らぎます。した人じゃないとわからないけどね。

人のお世話になって、人のおかげで生きているんだなって、つくづく感じます。おばあちゃんたちが「奥さん、人よかれば我がよかで」って教えてくれて。「人によくしとれば、自分にもいいんだよ」ってことよね。おばあちゃんたちはいろんなことを教えてくださる。お金じゃないよね。やっぱり心豊かに、いろんな人の情をいただいて、生活がなんとかできる。人の輪ですよね。いい人に恵まれて、いいことがぐるぐる回ってる。人のつながり、人間の付き合いが一番ありがたいですよね。

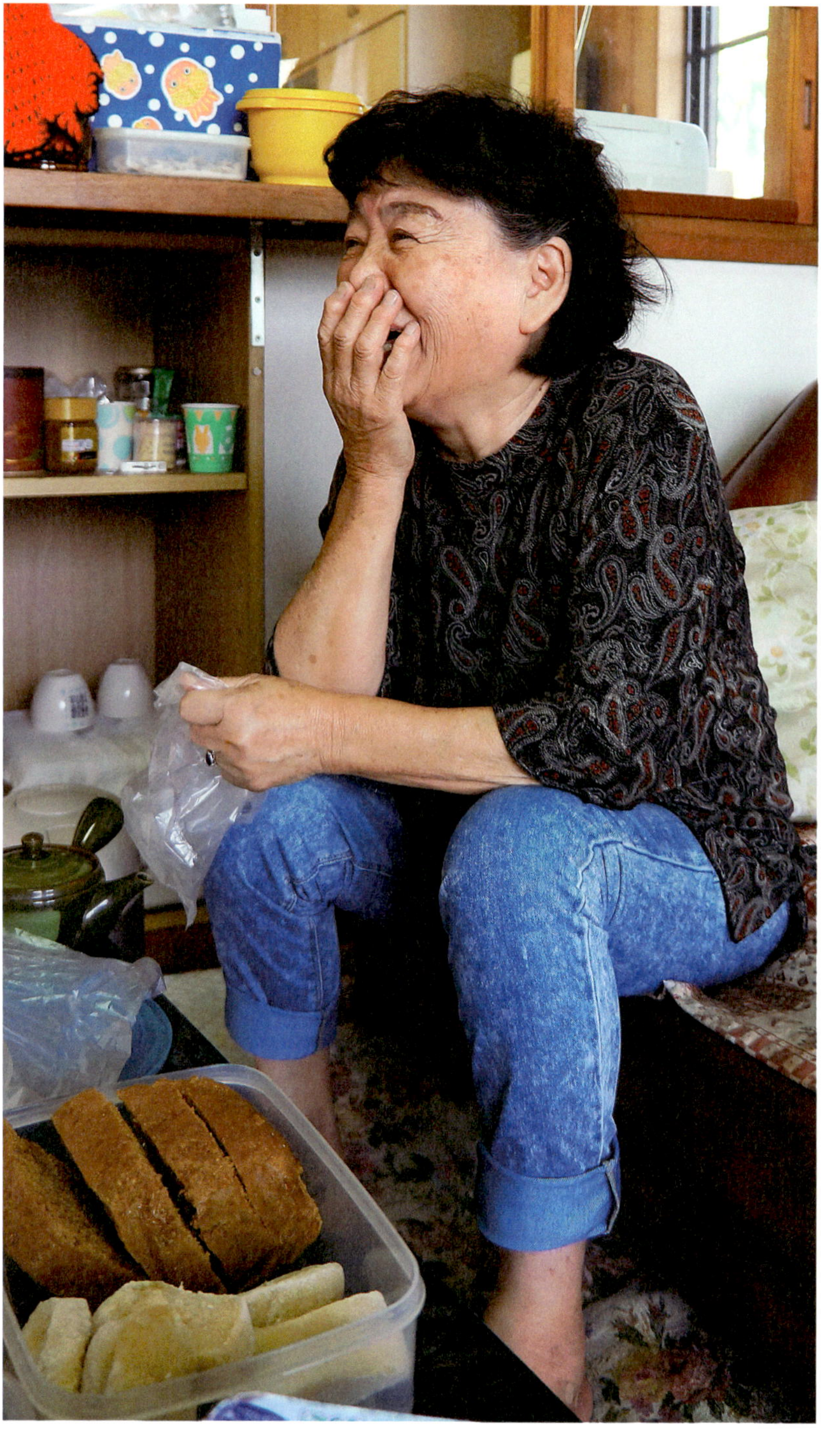

初対面の私にも、お茶を入れてあたたかくもてなしてくれました。こんな待合室ならずっと待っていたい。

お客さんの前では笑う

河東 俊二

やきとりやさん　昭和二十三年生

取材
田中涼太
遠山友理

なんかかんか話して帰る

生まれは北九州の小倉。二十歳まで小倉にいて、それから神戸に行って
そのあとは博多、鹿児島と転々としてるよ。もうどれがほんとうの自分の
言葉かわからない。あっちこっち混ざっちゃってるから。
お肉の会社で営業と、最終的には工場長をしていたね。四十歳でお肉屋
を卒業して焼き鳥屋をやってる。知り合いが「焼き鳥屋をはじめよう」と
誘ってきて二人ではじめたんだけれども、そいつは二ヶ月で辞めた。私は
辞めるのは嫌だったからとことんやってたら、もう二十六年目。
店名は「やきとりやさん」。前は表のテントに書いていたんだけど、台

風で飛んでしまってから書いていない。もう名前を書いて宣伝しなくてもお客さんが来てくれるから、「もう書かなくていいや」って思ってね。

客層はね、小学生から年配の方まで。ほとんど常連さん。一回来てくれたら、ほとんど二回目三回目も来てくれるよ。それは助かってる。焼きながらいろいろ世間話できるしね。ここに来たら黙って帰る人はあまりいないよね。なんかかんか話して帰る。

私はあえて名前も聞かないし、職業も聞かない。電話でオーダーが入っても名前は聞かないことが多いね。お店に来られたら声でわかるからね。相手が言えば名前を聞くけど、こちらからは聞かないね。

自分が食べるつもりで焼けばおいしい

こだわりは、お客さんの前では笑っていること。材料は全部自分でつくってる。だからその分値段を上げないで。串とか自分で刺してるの。肉はお肉屋さんから買って、タレは自分でつくってる。でも単価が安いから

あんまり高価なタレはつくれないけどね。価格をどこかで抑えないと。タレが年代ものだとか言う人もいるけど、タレに年代ものなんてないよ。継ぎ足していても、だんだんと消費していってなくなるんだから。味は新しいお肉を使えば大丈夫。味はそこで決まる。誰が焼いても一緒だ。自分が食べるつもりで焼けばおいしい。

暇なときはね、余分に焼いてつまみ食いしてもらう。だから「持って帰って食べるより、ここでつまみ食いのほうがおいしいよ」ってお客さんに言うの。だって焼いてすぐのほうがおいしいもの。持って帰ったら冷えるから、「ごめんな」って言って渡すの。

だいたい、はじめて来てもらった人にはつまみ食いしてもらってる。だってそのほうがはるかに宣伝として良いよ。新聞に坂之上で二万部広告入れるよりも、お客さんにここで一本でも二本でも食べてもらったほうが、ずっと安い。宣伝費一切なし。お客さんが全部口コミで呼んでくれるから。だからそろそろ辞めどきかなって思うけど辞められない。動けなくなったら終わり。自分で仕事するのも大変だね。

寝ていたらもったいない

焼き鳥以外はね、今は手薄になってるんだけど車の解体と部品の販売をしたり、去年からはじめたのが農業だね。ショウガをつくってる。今年は二トンくらいできた。農業は趣味じゃない。仕事として。だから今は趣味はなし。趣味は昔はいっぱい持ってたんだよ。それこそね、船や古い車や大きなオートバイや。自分なりにしたいことはあったけど、仕事してたら時間がないから。

農業は嘘をつかないから面白いかも。自分が手をかけた分だけこたえてくれるからね。ショウガは連作ができないから、二年か三年畑を休ませないといけないみたい。次はインゲン豆を植えようと思っている。農業は楽しいわけではないね。だって、雨が降っても台風が来ても、植えているものが倒れないようにしないといけないし……。でも苦にはならないから別にいいんじゃないかな。

自分で食べる分なら農業はしないけどね、仕事にするためにしてる。焼

ゴムバンド

き鳥屋を辞めて、次何しようかといっても思い当たらないからね。これしてみよう、あれしてみようって考えてやってる。生きていくのは難しいね。いっぱい儲かってるなら他ではやらない。休みなしに動いてるよ。お店は十時とか十一時くらいまでやって、寝るのは明け方の四時頃。朝は八時には起きる。昼頃まで寝てたら何もできないものね。睡眠は毎日四時間くらい。風邪もひかないね。残り時間が少ないのに寝ていたらもったいない。

惰性で生きている

嫁さんが脳溢血《のういっけつ》で倒れて右半分が麻痺して、もう戻らないんだよ。もうすぐ四年になるね。戻ってくれたらいいんだけどね。病院で「発症してから、時間が経ち過ぎてるから戻らない」って言われて、今は回復見込みなしってことだけど。毎日自分でリハビリ行ってる。

今は悲しいかな、惰性で生きているね。うちのが動かなくなってから自由時間もないしね。治らないっていうのがほぼ確定しているから寂しいね。

仕事しているほうがいいかも。年も年だしね。

私も三十歳までは何でも自分勝手にしてきたけどね。やっぱりそれからあとは自分勝手っていうのはできなくなったね。だんだん年をとるたびに「仕方ないなあ」って惰性で生きている人が、私の見る限り、世の中に半分くらいいるんじゃないかな。年とったら自由はそんなにないよ。言い方が汚いけど、裕福になったら自由は買えるかもしれない。だって食べることが先でしょ。生きていく上では。それをするには、毎日何かしら働かないとね。だから自由っていうのはだんだんなくなるのかも。

人間は寂しいね。本当に若いときに自分のしたいことをしたほうがいいかもよ。「ちゃんとなってからしよう」「年とってからしよう」というのは、それができる人は何パーセントいるかな。やっぱり人生まっすぐ、波にもまれないですくすく育った人はそれを言えるけど、私らみたいに上がったり落ちたりばかりしていると難しいかもしれんね。でもやっぱり「自分で楽しまないとね」って私は思う。

アスパラ

焼
し
い
て

九州一の牧場経営者

鮫島 宗徳

鮫島牧場　大正十一年生

取材
野添隆太
波戸上陽平

鮫島家八百年の歴史

鮫島家は八百年くらい前に源頼朝の命令で阿多《あた》に来たんです。阿多は今では金峰町《きんぽうちょう》の中にあるけど、昔は薩摩半島西南部一帯を指しよったらしい。鮫島家は「鎮西八郎為朝」として豪傑で有名な、源頼朝の叔父の源為朝の系統で、島津家にしたら縁戚関係にあったのよね。

当時阿多は薩摩半島の中心地で、政府直轄の管領だった。そこをおさめよったのが阿多忠景。北は大分の近くから、南は琉球まで勢力があったらしい。その忠景の娘と為朝が恋愛結婚したの。伊集院《いじゅういん》に恋之原《こいのはら》ちゅうところがあるのよ。そこの人に聞いてみたら「源為朝が阿多忠景の娘とここでランデブーをした。だからこの辺りを恋之原って呼ぶ」って教えてくれてね。そういうことで鮫島家は阿多に来て、忠景の跡を継いだのよ。そして八百年。

父方の先祖は四百年前から、加世田《かせだ》の益山《ますやま》にある竹屋《たかや》神社の神主をしちょった。僕のおじいさんの代まで神主。加世田の郷土史を見れば「竹屋神社は鮫島家が四百年くらい宮司をしていた」と書いてありますよ。僕が小学校の頃まではおじいさんが生きておったから、夏休みは神社に行って、お賽銭箱をあけて小遣いにしよったと。親父は神主になりたくないってことで学校の先生になって、終戦のときには県庁の動員課の課長をしよった。

東京、満州

僕は十二歳ぐらいのときに東京に行って、兵隊になる一年前まで玉川学園で教育された。壁に「人生の最も苦しい　いやな　辛い　損な　場面を真っ先きに微笑を以って　担当せよ」って貼ってあるでしょう。それを書

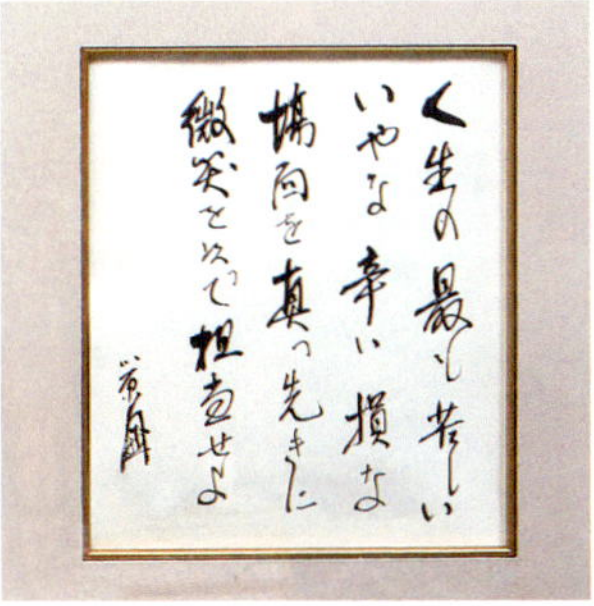

いた小原國芳先生（学校法人玉川学園の創立者）に子ども扱いしてもらって、タダで七年間飯を食べさせてもらって育った。親父みたいなもんですよ。

玉川学園を繰り上げ卒業して中国に渡って、一年ちょっと仕事をしていました。まあ仕事といっても満州の、中国の東北地方を見学して回ったようなもんですよ。大きな会社だったからね、「遊ばしとけばいいが」っていうことで。けっこう大事にされて一年間あっちこっち見て回った。そのうち兵隊になって。三年間兵隊をして昭和二十一年に復員してきた。終戦後、半年くらいは抑留されてから帰ってきたの。

駅の裏にあった牧場

復員してきて西駅（現・鹿児島中央駅）のホームから見ればね、海が見えた。鹿児島市内は焼けて「こんな近いところに海があったかな」と思って。建物もね、今の甲南高校の本館ですよね、あれと山形屋デパートと南日本銀行の本社ですね。あの三軒は鉄筋コンクリートの大きな建物だったので

49　鮫島宗徳

残っちょった。あとは全部焼け焦げてね、三つしか見えんかった。

その頃は西駅が貨物駅みたいにしてね、貨物も積みおろしをどんどんしよった。駅前には広場があって、そこに荷馬車が百台くらいタクシーみたいにずらーっと並んで順番が来るのを待っていた。待っている間、馬車のおじさんたちは時間があるもんだから、駅前に今銅像が置いてあるでしょう、そこで野球をしよった。昭和二十五、六年くらいまではそんな馬車がいた。

西駅裏に自宅があったの。そこで父と牛を二十五頭くらい飼いはじめた。その頃にはまだ家はほとんどないんですよ。西駅裏の広場にロープを百メートルくらい、ずーっと張ってね。それに牛をつなげて日光浴をさせて。ちょうど今から七十年くらい前はそんな時代だったのよ。

僕は九十三歳。二十三歳で復員してきたから、僕にとってはまだこの前のこと。僕が小学校の頃は、西南戦争で西郷さんと一緒に戦争をして、西郷さんが城山《しろやま》で死ぬ前の晩に「お前らはまだ十五、六の子どもだから、ここで死んだらいかん。家に帰れ」と西郷さんに言われて、城山から逃げて帰ったっていう連中が何十人っておった。その人たちが、西南戦争の有り

様を小学校に来て話してくれよった。今、僕らが小学校に行って大東亜戦争の話をするようなもんよね。

新天地坂之上

十年ぐらいしたら焼け跡に家ができてきたから、西駅裏に牛をつなぐことができなくなったのよ。もうこれ以上牛を増やそうとしても駄目だったので坂之上になおって(移って)きた。西駅の牧場を壊してここに持ってきたのはね、昭和三十五年ぐらい。

坂之上は何もない状態やった。ほとんどイモ畑。そして菜種とお茶畑ね。でもこの辺は遅霜が降りるんで全然駄目で、農業をしている連中が「ここは農業に一番悪いとこや」と言いよった。それに人家もそばにないし。だから一番安かったわけよ。それで僕はここを牧場にしようと。

牧場をしている頃は、鹿児島市内からも虫とり遠足とかいろんなのでよく団体が牧場に来ていた。熊本やら宮崎の酪農家も、うちが先進酪農家

だっていうんで毎日見学に来ていた。一時は観光バスがいつも三台ぐらい停まっていた。その頃まだ九州ではパイプラインで乳を絞っているのはどこにもなかった。僕んところは百頭の牛にパイプラインの付いた牧場でね。絞った乳がパイプをすーっと通っていって冷却管の中に入る。みんな珍しくて見ていたね。乳を絞っている牧場では九州一だった。

その頃は北海道の酪農大学の実習牧場になっとったから、夏休みなんかの長い休みには、学生が五人から十人くらい実習に来ていた。僕らは学生の働きに成績を付けて、それを大学に送りよった。

禁制品の通る道

坂之上ちゅうのは、和田のほうから坂を上がってきて右側のほうにあった部落。そこに住民が住んじょったわけ。谷山は谷山五郎ちゅうのが治めて、そうとう栄えていた時代があったのよ。昔は向原《むこうばら》まで二百町歩(約二百万平米、六十万坪)くらいの、だだっ広い野っ原だったのよね。五位野《ごいの》は

53　鮫島宗徳

野っ原で、島津の良か狩場か何かだったみたいね。それで「五位」って位《くらい》がついたから、「五位の野っ原」と名前になったみたい。

今の国道は終戦の昭和二十年頃に新道としてできた。うちの下の通りが旧道。そこをずっと行ったら清泉寺跡ですよ。だから旧道は清泉寺に行くための通りだったんじゃないかと思うのよ。磨崖仏は、昔お寺があったときにお坊さんが岩盤に仏さんを彫ったんですよね。

なんで旧道が清泉寺まで行って、そこから道が続いていたかというとね、清泉寺の前に小さい川がある。そこに障子川ちゅう川が流れてくる。障子川は川幅が広かったから、海からそこまで舟が上がってきおったの。清泉寺のところで荷物をおろして、旧道を通って荷物を運びおったのよ。この辺の部落、門之口部落は「清泉寺の門」ちゅうこと。

清泉寺は大きなお寺だったみたいね。薩摩藩は密貿易をしよったの。琉球やら中国やら。幕府の役人の目を逃れて障子川に入ってきて、禁制品は清泉寺のところでおろして、谷山街道を通って税金がとられんようなものだけを易居町《やすいちょう》の鶴丸城にやりおったらしいよ。

新たなビジネス

この辺は鮫島牧場が全部持っていた土地だから、「牧場《まきば》」っていうのよね。今でも「牧場踏切」「牧場交差点」、バス停も「牧場」でしょう。僕が坂之上で牧場をはじめて十五年ぐらいしたところに、経済大学（現・鹿児島国際大学）が土地を買うもんだから、だんだん値上がりしてきたわけ。昭和四十四年から五十年ぐらいか。その頃は乳牛はやめて肉牛が二百頭ぐらいおった。そしていよいよこの辺に家が建て込んできて、公害問題が出てきたから「これ以上飼っても面白いことはない、畜産では金儲けも難しくなった」という判断でレジャー産業に変えたとよ。

それまでは農業やら酪農やらしたら、三百六十五日休みなしで仕事をせんといかんかったからね。もう五十歳ぐらいだったから「レジャー産業でもしてゆっくり暮らそう」と思って、飼っている牛は半年もせんうちに全部売ってしまった。「これから先は、ちっと自分でも遊ばんといかんな」

と思ったから乗馬クラブをしよった。他にはゴルフ、レストラン、サウナ。レジャー産業をするので経営体系を変えたの。それが今から三十五年前。そのレジャー産業を辞めたのが十年前。その跡地にマンションをつくったの。敷地に動物の慰霊碑を設置してね。今でもありますよ。

坂之上にこんないっぱい家ができたのはまだ最近だもんね。ここ二十年ぐらいの間。坂之上の周りの幼稚園とか保育園の子どもたちが、年に四、五回うちに乗馬に来ていた。無料乗馬もしていたし、光山とか近くの保育園では月に二回「乗馬の日」ってのがあったよ。

馬は多いときで十二、三頭。ポニーからサラブレッドまで。子どもたちが卒園するときにアルバムに写真を載せるので、僕がみんなを抱いて馬に乗って撮ったね。まあ、それを数えると何千人ってなるよね。

九十歳をこえていてもとても元気。水も飲まずに一時間半しゃべり続けてくれた。部屋の壁には愛馬の写真がずらり。ポニーを飼うために家族の暮らす家とは別に、一人で住み続けていることに驚いた。

59　鮫島宗徳

生き様を反映する自転車

中島 脩

坂之上サイクルステイション 昭和三十七年生

取材
田中涼太
松永勇貴

自分と社会のマッチング

私は大学を中退してから、長いことアルバイトをしていました。いずれは何か人の役に立つ仕事をしながら、自分でお金を稼げないものかと思っていました。十年以上考え続けて、かえって良かったのかもしれません。時間をかけて、どういう仕事をしていこうかと探すことができましたから。

大事なのは「マッチング」だと思います。自分という存在を理解して、どこに当てはめたら自分がやりがいを感じるか、能力を発揮できるか、あるいは社会にも貢献できるか。そういうパズルを合わせるような感じです。人それぞれに得意分野があります。たとえ給料が低くてもそこだったら頑

張ってやれる、人生をやりとげた実感がわく、そんな仕事があると思うんです。それを探すのにずーっと時間がかかりました。

十五年くらい前になりますが、日本経済新聞を読んでいたら一つの記事が目に止まりました。それは「電動自転車が自転車業界に新たな風を巻き起こす」といった内容のものでした。三菱電機やホンダなど、これまで自転車に力を入れてなかった大手メーカーが電動自転車に取り組みだした、ということで各社の比較記事が出ていたんです。それを見たときに何か自分の仕事のヒントがあるのかな、と感じました。

私はバイクや車が好きでしたから、オートバイ屋をしようかなと考えたこともありました。けれど当時既にエコロジーが叫ばれはじめていたんです。そこで「エコロジー」「電動自転車」というキーワードが合致して、「よし、自転車屋さんになろう」と決めました。それは閃いたというよりむしろ、それまでにいろいろ調べていた中で、ぼやーっと思い描いていた可能性が確信に変わったという感じでした。自分の中でぴったりマッチングされたんですね。三十五、六歳の頃です。

ほんとうに天職だったな

当時、自転車店は斜陽産業と呼ばれていたので、周囲の九割は反対しました。それは大型の量販店が増えてきて、個人店はつぶれていっているという状況があったためです。ですが同時に、修理をしたくても近くに自転車店がなく困っている人が大勢おり、修理の需要がたまってきていて受け皿がない状況があったんです。

なぜ自転車店がダメになっているのかを考慮しながら、お客様の満足のいくサービスを提供できれば、逆に生き残れるだろうと思ったんですね。それがスタートでした。自転車店をはじめたからには技術を磨こうと思い、いくつか資格もとりました。また地域で一番のお店になるためには、特殊性を出していく必要がありました。そうしているうちに今のようなロードバイク、スポーツバイクを扱う業態になってきたんですね。

この厳しい状況の中でここまで続けて来られたのは、奇跡に近いと思っています。いろんな救いがあったんですね。今でも、今の状況ややり方

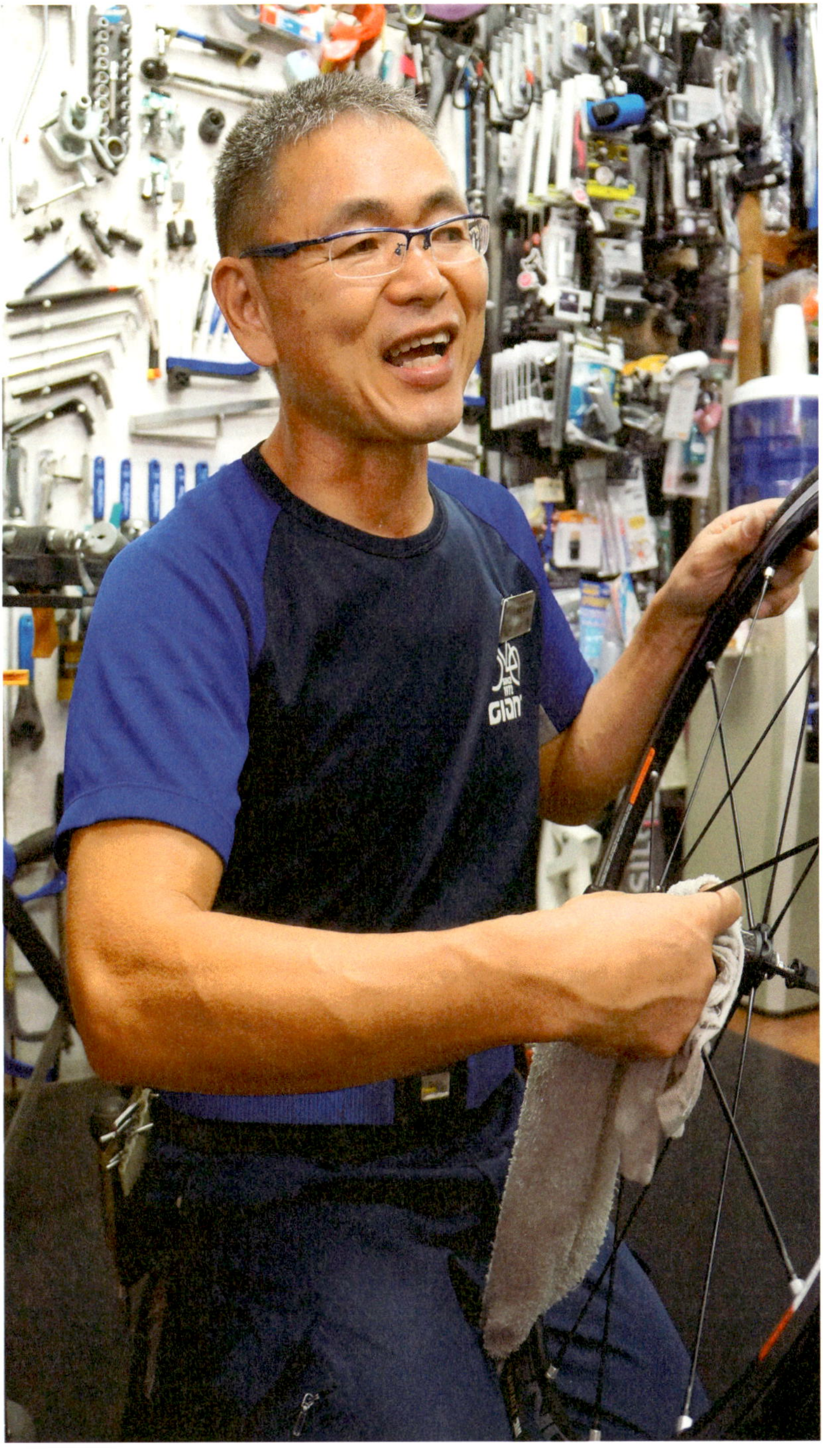

が正しいかどうかはわかりません。ですが「これはほんとうに天職だったな」と思います。

師匠への礼儀

坂之上にお店を構えるのは、師匠への礼儀でもあるんです。私が自転車店をはじめるときに教えをいただいた師匠が、鹿児島大学の近くでお店をされていた山田さんというご主人でした。とても気の良い方で、実に多くのことを学ばせていただきました。ですから礼儀として、師匠の近くではお店を出さないようにしようと思ったんですね。

まず鹿児島市の地図を開いて、大きい規模と小さい規模の自転車店をそれぞれマッピングし、あわせて人口の規模を調べていきました。そうすると坂之上地区には人口が多いのに、自転車店がないことに気づいたんです。鹿児島大学や第一工業大学の近くには自転車店がありますが、この坂之上には大きな小学校が三つもあり、鹿児島国際大学があるにもかかわらず、

自転車店がなかった。駐輪場の規模なども調べていきましたら、わりかし大きな規模を備えていることがわかりましたから、確実に修理の需要はあるだろうと見込みました。当時はスポーツバイクを扱うような予定はなく、修理を専門に考えていましたから、ここ坂之上はベストな選択なのかなと思えたのです。

自転車は人生と一緒である

この坂之上地区はナフコやニシムタなどの量販店が周辺に多く、自転車が特売チラシの目玉商品になっています。私としてはしっかりした良い自転車を売りたいのですが、一般のお客様には高いと思われてしまうんです。

ですが可能性はあると思っています。良いものを知っていただくよう、上手にアピールできたらいいなと思っています。今はスポーツバイクをメインにやっていますが、一般の自転車でももっと勝負ができたらな、と思います。

そのためホームページでは、自転車の楽しさを中心に伝えるようにしています。毎日読んでくださるのは業界の方がほとんどで、結果としてそれが縁となってお店のことを知ってくださる、という場合も多いようです。もしお店がもっと町中にあったら、今のようにお客様とゆっくりお話しできなくなるのかなとも思いますので、そういう意味では坂之上という場所はほんとうに良かったと思っています。

自転車って自分と向き合うことだと思うんです。こがないと進まないしバランスが悪いと傾くし。かつてアインシュタインが「自転車は人生と一緒である、足を止めたらそこで終わり」というような言い回しをしていたんですが、人生そのものというか、自分の生き様を反映できる気がしています。そこが魅力ですね。

CYCLE LOCK
TY-421L
WIRE LOCK
TY-523M
PALMY
Disc

三十万円以上するカーボンファイバー製の自転車を持たせていただきましたが軽い軽い！中島さんの熱弁で、高い自転車が欲しくなった貧乏学生は僕です。

お日様と月の美しさを愛でる

藤 明美

唄い手 昭和二十五年生

取材
金井桃子
野添隆太
波戸上陽平

迷惑をかけあって助け合う

一九九五年から二〇〇〇年まで「きょら」という女声デュオをしていました。「きょら」とは奄美の言葉で「美しい」という意味。その活動のためにスタジオを光山につくって二十年になります。はじめは近所の方たちから「地下組織なんじゃないか」って不審がられていたみたい。でもこの地域には公民館がなかったので、そのうち町内のいろんな会合に使ってもらうようになりました。

私はここを日常的に人が集まって音楽をしたり、何かをする場所にしたいと思っています。「人が集まれば何かが生まれる」と信じているので、

地域を活性化させるにはイベントが必要だと思っているんですね。いわば「お祭り」「まつりごと」ですよね。

私は子どもたちとお芝居を見たりキャンプをしたりする「子ども劇場」という活動を三十年続けていますけど、これも地域で子育てをしていこうという動きの一環なんです。人間学を勉強している人から「社会に貢献するというのが人間にとって一番の快楽だ」って聞いたことがあります。

娘に言ったら笑われるんだけど、私の目標は世界平和、良い社会をつくること。人とのつながりがあると安心して生きていくことができる。人と人とがもっと楽に付き合っていけばいいのになあって思います。もちろん礼儀は必要だけれども。相手を知ることは愛すること。理解できなければ愛情が深まっていかない。

自分の経験だけど、子どもができると予想以上に忙しくて振り回される。おむつを替えなきゃいけない、食べさせなきゃいけない……。「一人で大変だ」って思っていると、自然と手伝ってくださる方が出てくる。最初は遠慮するんだけど、次は「じゃあ少しお願い」って言えるようになってく

る。そうして人の助けを借りていく。やっぱり人の力は必要。お互い迷惑をかけあって助け合えば気持ちの上でも楽になるし。私は子どもが五人いるんです。まあ、離婚しちゃいましたけどね(笑)。

あんたは誰の子どもね

両親が奄美大島の出身なんです。私が四十歳を過ぎた頃から母が「私を島に連れて帰ってよ」と言うようになりました。大熊《だいくま》という集落、奄美では「ディクマ」って言いますけど、母たちはそこから戦争中に疎開して鹿児島に来たんです。六十年間鹿児島で暮らしたけれど「最期は奄美に戻りたい」と言い出したんですね。母は奄美の踊りや唄という伝統の文化が大好きでした。「生まれ育った地域の人たちや文化の中で死んでいきたい」というこみ上げる思いがあったのでしょう。それで九十四歳のときに奄美に連れて帰ったんです。

奄美に連れて帰ってすぐから、母は奄美の言葉しか話さなくなりました。

集落を車椅子で散歩しているとき、母は会う人に必ず「あんたは誰の子どもね？」って聞いてね。奄美の言葉では「タックワックワッ？」って言うんです。そうして旧交を温めていました。

奄美では以前、家々の軒がくっついて隣接していたから、ほんとうに距離が近かった。今は区画整理で軒同士は離れて道路も広くなったけど、その分「気持ちまで離れてしまった」って島の人たちは言っていました。母はかつての奄美のそういう雰囲気を求めて帰りたかったんだってことが、一緒に暮らす中でわかってきました。近所の人が「明美、野菜を炊いたから鍋持ってうちに来なさい。オッカン（お母さん）に食べさせてあげなさい」と言ってくれたり、というのがしょっちゅうでしたね。

母は白寿のお祝いをした数え九十九歳で亡くなりました。亡くなったときも村をあげて弔ってくれました。太鼓叩いて、歌ってね。これが「地域」っていうんだろうなあと思いました。

八月に二晩踊り続ける「八月踊り」という行事が奄美にあるんだけど、私は二十年ぐらい毎年参加しています。地元の人に「また今年も来たね。チヂン（太鼓）の音が聞こえたの？」って言われますよ。一緒に踊ると、すぐ文化に溶け込めるのがありがたいなと思います。私がしょっちゅう行くので、子どもたちも奄美に行くようになりました。特に長男は踊りが大好きなんです。子どもたちも踊りにはすぐ参加しますよ。これからもずっと、参加し続けていきたいと思っています。

唄半学

島の唄にはいろんな歌詞があるんです。奄美では「唄半学」と言って唄を耳から学ぶと、それが人生の勉強の半分になる、という言い方をするんですね。私はずっと唄を続けてきていますけれども、「自分は何のテーマを唄いたいのかな」って考えていたんです。そうしたら自分の名前が「明美」ですから、「お日様と月の美しさを愛でる人」なんだなって思ったんです。奄美出身の両親の影響だと思いますけど、私には自然崇拝が根っこ

にあります。生きていることに感謝し、自然を愛でるという感覚。

若い頃に比べて今は何かメッセージ、自分の中にある本質をもっと表現できたらと思っています。いつも出発は「私は何がしたいのかな」っていうことなんですね。他人がどう自分を思うかより、「私はこういう気持ちで、こういうふうに生きていきたい」というのを大事にします。おかげさまで自分に正直に生きていますよ。

奄美大島をつくる

私の性格や考え方は父由来のものだと思っています。あまりそう思いたくないのですが。父はとても激しい、ワンマン経営を行うタイプでした。周囲に相談をしないんです。「自分の考えが正しいからついてこい」という感じですね。私も若い頃はそうやっていたんです。でも子どもを育てる中で、少しずつ変化していったと思うんですよね。父の強引さは嫌だったけど、社会的にはすごく大きなことをやり遂げた人だと思っています。

父は谷山にある「奄美の里」という、大島紬と奄美を紹介する施設をつくりあげました。はじめ、大工だった祖父からお金を借りて、紬を織る工場を奄美で建てたそうです。母は上手に織ることができましたし、父は職人をまとめる親方として力が優れていたそうです。戦時中に故郷の奄美から鹿児島へ疎開して、いろんな事業をしましたが「奄美大島をつくろう」という思いを常に持っていました。たくさんの方に力をいただいて「シルクインホテル」や「ビッグⅡ」といった、いろんな産業を生み出してきました。父が晩年「わしは一体何をしてきたんだろう」と言ったことがありますけれど、たくさんの方を雇用して生活を支えてきたということは、私は間違いなく素晴らしいことだと思うんですね。

父は四十年前に「奄美の里」を設立するために動きはじめましたが、時代は高度経済成長期のはじまり。生前よく、「時代の波に乗った」と言っていました。「つくれば売れる」という時代だったようです。父は一九九九年に八十八歳で亡くなりました。ちょうど母が亡くなる十年前のことでした。

うれしさのおすそ分け

母の介護をした約七年間は充実し、私を形成するためにもとても良い期間となりました。小さい頃も母が奄美に連れて行ってくれていたんです。当時はまだハシケ（大型船から陸地まで往復する小型船）で上陸していました。私たちが島へ行くと、島の人たちがすごく喜んでくれていたんですね。それが私にとって喜びでした。なんてあたたかい人たちだろう、気持ちいいな、と思っていましたね。

私は生まれも育ちも鹿児島市の高麗町《こうらいちょう》なんですが、奄美のことはなんだか懐かしくて、四十歳を過ぎた頃から奄美のことを考えると、不思議と涙が出てくるようになったんですね。島に行けば自分と同じような顔がいっぱいあるので妙に納得したり。親方の娘ってこともあるでしょうけれど、小さい頃からたくさんの人に愛されて育ったんです。その経験が、今も私の心の大きな部分を占めているんですね。だから私にはこのうれしさのおすそ分けをしたいな、という思いがいつもあるんです。

取材後、藤さんからいただいたお手紙は今でも大切にしています。

目の前で歌を披露してくれた。その迫力に鳥肌が立った。話を伺いながらも、こちらが質問されることも多く、自分の考えを伝えることの難しさも実感した。

問いから学ぶ人生

口羽 勝法

照蓮寺 住職 昭和三十年生

取材 野添隆太 波戸上陽平

仏教に興味がなかったんです

私は島根県にある西蓮寺《さいれんじ》という古いお寺で生まれ育ちました。実家は兄が跡を継いでいて、十七代目になります。坂之上には人口が増えたわりにお寺がなかったですから、「開教」っていうかたちでやりはじめて、もう二十二年になります。お寺の名前は、親鸞さまが阿弥陀さまのことを「光」に例えられ、「言葉はお経の光」とおっしゃったことに由来しています。それで「照らす蓮」ということで照蓮寺《しょうれんじ》としました。

私はもともと、まったく仏教に興味がなかったんです。でも十九歳のときに幼馴染が事故で亡くなったことが大きな転機となりました。

その年の夏休みに父から「（友人の供養に）お前、行ってこい」って言われたんです。まだお坊さんじゃなく髪もボサボサでしたけれども、「お経くらい読めるかな」っていう気持ちで行きました。

着いてみると初盆だったんです。親戚も同級生もいっぱい集まっていました。そこでお経をあげさせていただいたのですが、足が震え、声が震え、たまらなかったです。もちろんお話なんかできません。

お勤めが終わってお茶を出された際、おじいさんとおばあさんに「このじいとばあの、悲しい気持ちがあんたにはわかるかね」と言われたんです。ガツーンと殴られたような衝撃を受けました。「なんだこの問いは」と。もちろん答えるものがないというだけではなくて、「そんなこと考えたこともない」という思いでした。

その法要の直後、たまたま父の本棚で倉《くら》田《た》百三《ひゃくぞう》の『出家とその弟子』という本が目に止まり読んでみたんですね。私は本を読むような人間ではなかったのですが、なぜか気になってしまって。そこに「生きるという例外もあれば生きることにおいて他人と接することの矛盾点」とか「生き死に

の矛盾」とか、わけわからん言葉や仏教用語でいっぱいなんですよ。驚きでした。これまでなんてくだらない日々を送っていたのだろうと思いました。それまで人の気持ちとか、命の問題なんか見つめたこともない私には、とてもショッキングでした。はじめて人生の問いを持った、十九歳の夏でした。今答えられるかと言ったら、それでも難しいかもしれない。ただ、その問いがあったからこそ今日がある、っていうのがありますね。

愚者になって往生する

私の学生時代の先生が第一声に「問いを学ぶのが学問です。ここでは賢くなるための学問は必要ありません。賢くなりたいと思う人はよそに行きなさい」とおっしゃっていました。親鸞様の教えで「愚者になって往生する」っていう言葉がありますが、これは「愚か者になるために勉強しなさい。問いのない人生は虚しい人生です。一生問いをいただいて学びなさい」ということなんですね。これもまた自分にとってはショッキングなこ

とでした。

今まで「賢くなるため、偉くなるため、他人より上に行くために勉強しなさい」って、耳にタコができるくらい聞かされてきました。けれどもまったく真逆のことを言われて「ああ、ここだったら生きていける。ここの教えだったら大丈夫」と感じました。そしてその先生が「問いの中に答えがある。どう生きるかが問題だ。そこに問いがないと長く生きとっても意味ないよ」とおっしゃったんです。すごい衝撃を受けましたよ。おじいさんとおばあさんの言葉もそうですけど、先生のこの言葉も私の大きな起点になりました。それだけのことを私も他人に与えられるかといったら、それは難しいですけども。それが二十歳のときですね。

秘密結社としての講

坂之上にはもともとお寺ではなくて、「講」という秘密結社みたいな組織がありました。講のできた背景には歴史的な経緯があります。浄土真宗

は明治九年九月五日までの三百年間、島津家によって弾圧されていました。それは念仏禁制、すなわち真宗弾圧でした。同じ念仏でもいわゆる一遍上人の宗派である踊念仏《おどりねんぶつ》というのは弾圧されなかったんです。

われわれ浄土真宗では、「すべてのものを平等に扱う」という阿弥陀如来の教えを教義としています。ですがその「平等」というのは身分階級を進める側からは非常に危険な、不都合な教えなんです。ですから「講」という組織が、秘密で教えを聞く場として「講座」を集落ごとに持っていたんですね。

まあ秘密結集ですから、その地域の人でないとわからない隠密行動でした。それが三百年という長い間ですからね。一人の住職がだいたい二、三十年勤めるとしたら、十代ちょっとの間になります。そうとうな継承期間ですから正しいものが伝わらず、間違ったまま伝わってきたという地域もあります。

例えば霧島の辺りには「カヤカベ教」というのがあります。こちらのように自分たちだけでわかる暗号的な言葉を使い、結果的に他との接触を遮

断してしまっていた、という結集もあったようです。

　このような弾圧があったこと自体を知らない方が多いですね。廃仏毀釈やキリシタン弾圧のイメージが強いですけれど、それとは別です。山形屋デパートの裏にある西本願寺鹿児島別院には、涙石《なみだいし》と呼ばれるものがあり、そこには「なみだ石　涙にぬれて　もだしけり　まことのいのち　ためさるるとき」とあります。これは弾圧の際に、正座させた上に石を乗せていたというんですね。こういう厳しい弾圧があっても、信仰する人たちは各地に多く、秘密結集として広がっていくんです。

　この坂之上や知覧《ちらん》、川辺《かわなべ》というのはひとつの講として、順番に仏壇を移動してきた地区なんです。それぞれが家に仏壇を持たずに、順番に運んでいたんですね。だから所有権がない。今は「我が家の仏壇」といって家にありますけども、かつては弾圧をされ続けてきた歴史がありましたから。そういう習慣も、もう後継者がいなくなって解散しました。昭和の五十年代くらいまではあったんじゃないかな。こういうのって確かな資料として残らずに、口伝というかたちでしか伝わってないのが残念ですけどね。

地域に根ざす

「浄土の真実を表す教え」っていうのが浄土真宗の原点です。宗派を指すのではなく、教えそのもののお言葉なんです。みんな仏教は幸せになってもらうためであって、不幸せになるためにやっているわけではありません。「人間としての苦悩を、どうやって幸せと感じるようにするのか」っていうことが問われていると思うんです。

仏教っていうのは決して、死んでからの教えではなくて、生きている人を対象にした教えなんですね。現代では教えそのものが次から次に忘れさられて、化石化されていくようで寂しさを感じます。ですから寺院に関わってくださる一般の門徒さん方が、ほんとうに信仰として受け止めていけるような「ご縁づくり」といったものが必要じゃないかと思っています。

お寺というとどうしても敷居が高いというか、なかなか入りづらいところですよね。それで少しでも開放して地域や社会に開かれたお寺として、皆さんに活用してもらおうと思っていますし、本来そのような役割を果た

していたはずなんですね。

うちのお寺では二つのことを地域の方々に向けてやっています。一つは「オテラ座」、そしてもう一つは夏の盆踊りですね。それらは共に、うちの会館に地域の方々に来ていただき、楽しめる空間として開放しようという気持ちではじめたものです。地域の方々も一緒に楽しみましょう、ということを趣旨にしています。

正装をして鑑賞するイメージのあるオペラ座に対して、「普段着で気楽に来ていいですよ」っていう意味で「オテラ座」と言っています。その一環で開催している落語を「おてらくご」と呼んでいます。落語の原点は「お寺から発祥した」って言い伝えもあるんですね。

夏に行われる盆踊りもですが、お寺が地域に根ざしていくためには住民の方々に理解していただき、私も地域に貢献できる一員であることが大事だと思っています。そして、そうあることが私の願いでもあるんですね。ぜひとも、次世代の子や孫も、お寺を「よりどころ」としてもらいたいものです。

てらくご

「オテラ座」に行くと観客は大笑い。少し離れたところで口羽さんも微笑んでいた。

オテラ座では客席と落語家との距離の近さを感じた。それは地域とのつながりを大事にしているお寺ならではなのだろうなと思った。

元気な声が聞こえる保育園

野中 由利子

ペコちゃん保育園坂之上 園長
昭和三十九年生

取材
水流良太郎
野添隆太
波戸上陽平

私の地元

坂之上が地元です。短大を卒業して三年間幼稚園に勤めたあと、両親の経営する保育園を二年間手伝っていました。それから転勤族の主人と結婚したもんですから、十年ぐらいは奄美大島に行ったり出水《いずみ》に行ったりしていました。

子どもが四人いるんですけど、四番目の子が六ヶ月のときに私の父が亡くなったんです。それから再び保育園を手伝いはじめました。今年で五十歳。十年ブランクはあったけど、独身時代から数えると二十年ぐらいは保育の仕事に携わっていますね。

父が初代で、三十年くらい前に「託児所ペコちゃん」という名前でスタートしたんです。父はもともと高校の教員でしたが、五十歳の頃に病気になり退職しました。しばらくして病気も良くなり「何か仕事を」と思ったとき、やはり両親とも子どもに携わる仕事をしたくて、父と母で託児所をはじめたんです。

谷山、そして坂之上

最初は谷山で、二十四時間営業でやっていたんですよ。夜お仕事に行く方の子どもさんも預かったりしていました。小さな民家を借りていましたが、二十人、三十人って子どもたちが登園してくれるようになったので、土地を買って保育園を建てました。それから託児所ではなく「ペコちゃん保育園」になりました。谷山の保育園が順調に運営できるようになり、一年後に坂之上でも認可外保育園をはじめることになりました。

働くお母さんも増えて保育園もこれまで以上に必要になり、七、八年前

から新しい認可園をつくる流れが出てきました。谷山が認可園としてスタートしてから今年で八年目、この坂之上は二年目です。

「ペコちゃん」という名前ですので「不二家のペコちゃんと関係があるんですか？」と聞かれることもあります。全然関係ないんですけど、認可園になる前に一応、不二家さんに電話をして了承をとっておきました（笑）。

坂之上と谷山の二園を運営しています。谷山の園長は私の母で、理事長と兼任です。娘は大学を卒業して、去年（平成二十五年）から坂之上を手伝ってくれています。そして娘の婿も保育士として谷山のほうを手伝ってくれています。

娘と彼は小学校の同級生です。結婚前だったんですけど、娘の彼が「一緒に保育園を継いでくれる」という話になって、熊本の八代《やつしろ》にある男女共学の短大に一緒に通うことになったんです。彼は資格をとるために、鹿児島大学を中退して短大に行ってくれて。

私も主人も彼の家族を小学校の頃から知っていたから、「そういうことで県外に行くなら一緒に住みなさい」って主人も理解してくれました。結

 野中 由利子

局首席と二番で卒業して、資格をとって帰ってきてくれました。ありがたいですよね。

一緒に歩んできた

町内会の行事にもずっと参加させていただいています。坂之上中央町内会の夏祭りと石塚町内会の夏祭りで、毎年子どもたちの盆踊りや楽器演奏を披露しています。今年はマーチング演奏、去年は組体操を見ていただきました。

JA（農業協同組合）の「お達者クラブ」の方々と園児たちとの交流があるんですけど、そのときに知り合ったおばちゃんたちが、園児と一緒にみかん狩りに来てくださったり、味噌づくりに誘ってくださったり……。つながりが広がるとうれしいですよね。

保育園の目の前にある鹿児島国際大学の学生さんも、ボランティアや実習で来られたり、児童学科を卒業して就職してくださった方もいます。今

年入職した保育士が「保育園の前を通ると子どもたちの元気な声が聞こえてきて、どんな保育園だろうってすごく興味を持って受験しました」と、話してくれたときはうれしかったですね。

最近では、卒園児さんがお母さんになって、子どもさんを連れて来てくださる時代になりました。「卒園児さんもそういう年になってきたんだな」と思うと、なんだか感慨深いですよね。

私も子どもが四人いるので働くお母さんの気持ちがわかり、自分も子育てしながらお母さんたちと一緒に歩んできた感じです。「朝、お仕事に行く準備だけでも大変だよね」っていうのもよくわかる（笑）。子どもたちが「保育園に行きたい、先生たちに会いたい」と心から思ってくれることが、一番うれしいですね。

とても話しやすかった。園長さんの人柄の良さが保育園の愛される理由の一つだと感じた。

取材に訪れたとき、子どもたちはお昼寝の時間。きれいに並んでタオルケットをかぶって寝る子どもたちが可愛かった。

101　野中由利子

別府の暮らし

別府和志（息子）会社員 昭和三十五年生
ひで子（母）農業 昭和九年生

取材
金井桃子
楠 奈月

あっという間に

和志　生まれたのは別府という五、六十世帯の部落でした。昔はほとんどの家とお付き合いがあって、なんかあったときにはみんな集まる。誰かがいないと心配して様子を見に行ったり。冠婚葬祭のときも部落みんなが集まって、前の日に炊き出しをして、煮しめやおにぎりをつくって。助け合いの多い、絆のある部落でしたよね。
　もともと別府にいた人は母の年代の方々が残っているくらいで、今はもう少なくなっているんです。仕事がないから、みんな東京や大阪に移住されて帰ってくる人たちが少なかったんですよ。

近くに工業団地ができてからは、農業をしていた人たちがみんなサラリーマンになっていったわけですよ。そうしたら畑は「荒れ地にするよりは手放そう」ってことで、住宅ラッシュがはじまって。まだ小さかったからそんなにはっきりと記憶はありませんが、畑があっという間に宅地になって、ぼんぼん家が立って。夢を見るような感じでした。

農作物と魚を交換

実家は山の下にありました。今は山も団地になってきれいになっているけど。山の下だったからやっぱり白アリとか多かった。裏の山にタケノコをとりに行けば蛇がいたり。

ひで子　こんな大きな蛇がいたことがあるよ。草がいっぱいあったから切ろうと思ってな、手をやったら、蛇。触ったの。手を乗せたの。いまだにそれは忘れられない。あんなのは見ろうて見られない。

和志　神様でしょうね。というのも裏の山に小さな沢があったんですけど、

そこに大きな岩があって。今も残っていると思いますよ。この岩の近くに大蛇がいたから、そこの主じゃないかなと思うんです。

今、産業道路になっているところも中学校二年くらいまでは海だったんですね。部落の友達みんなで歩いて行くんですよ。和田川でも遊びました。あの周りはほとんど田んぼだったんですよ。家がぽつんぽつんとしかなくて。それが埋め立てられて住宅街になって、今は面影もないですけど。こっちの山手は農業、向こうの海手は漁業が中心でした。だからわれわれは農作物と魚とを交換していました。

昔は父や母に連れられて、コサンダケのタケノコをとりに行って、お店に卸していました。別府には鳥越商店、西には堀ストア、その二軒しかなかった。おやつにはウンベ(あけび)とかとって。あとはクワガタやメジロをとったり。メジロはトリモチでとっていました。とること自体が楽しみでしたね。メジロの雄は胸に黄色い線がきれいに入っているけど、雌は首のところにしかないんです。雄のほうが鳴き声がきれいですから雌は逃がすんですすよ。雄だけ家に持って帰って鳥籠に入れていました。

大学（鹿児島国際大学）の辺りは山でしたよ。山を削って大学をつくって。小学校の頃、「こんなところに大学つくったの？」と思いましたよ。山の中を学生が歩いていくんです。けもの道ですよ。それが大学まで続いているんです。

以前は年二回、部落対抗のソフトボール大会というのがあったんです。男も女も一緒に入って部落でチームをつくって。今の大学のグラウンドはその練習場だったんですよ。広い野原というか、畑をただ普通に埋め立てた更地だったんですね。部落で野球するときはみんなで石を拾ってきれいにして使ったんです。笠松部落も上床部落も来てみんなで練習しました。

農作業、山仕事

農業が盛んだったですね。坂之上は田んぼがないですから、ノムギが主食みたいなもんですね。イモ、タバコ、ノムギの三つがここら辺の主な作物です。当時は家族総出で作業をしよったです。作物はどれも収入のため

につくって。家の前でみんなで脱穀して農協に全部売っていました。

この辺は夏になればスイカ畑になる。雨がいい感じに降っていて、土地が肥えていたんですね。父や母が畑で農業していますから、学校から帰ってきたら藁を切って牛のエサをやらんといかんかった。和田の辺りと母の生まれだった中山《ちゅうざん》に田んぼを持っていました。馬小屋に馬と牛がいて、その上に一年分の藁を全部保管しおったんです。中山から耕耘機で藁を運んだ記憶もあります。

ひで子　主人が馬を使って、うちのほうに山仕事に来ていたのよ。そのとき私が働くのを見て、働きぶりが気に入ったらしく嫁にもらいに来たそうです。私の母は坂之上を見に来たときは泣いて泣いてな。「もうやらない」って。「どんなことがあってもやらない」と言ったけど、主人が「どうしても」と言ってな。ここは実家の辺りから見ても、まだひどかったもん。私が嫁いできたときは水もなくてな。山の岩の間から、ひたっひたって、こぼれ落ちてくる水があるでしょう。あれを桶を持って行ってすくって使ったもんですよ。

主人のお父さんは家でマッサージとか按摩《あんま》の仕事をしていた。もともと目が見えていたそうですけど、船の転覆が原因で見えなくなった。そんなふうに聞いていますよ。

和志　昔は馬と牛で畑を耕していました。私が乗った馬を親父が引いて山仕事をしに行きおったですよ。それが好きで。木は鋸《のこぎり》で切り出していました。トラックは木材を積みに来ても山の中までは入れないから、山から道路までは木材に杭を打って、それを馬に引かして。

杉とか檜《ひのき》とか植えていましたので、木が収入源だったんですよ。木を売りたい人がいないことには山仕事はないですから、仕事としてはしょっちゅうはないんです。

親父が馬を手離して「車に変えるが」と、カローラ一〇〇〇CCを買った。農耕馬としては立派な馬でしたから当時で三十万円で売れて。そのお金で車を買いました。

父が自分で運転免許をとるより、母のほうが免許や試験の合格率が高い、ということで母にとらせたんです。免許をとったのは坂之上で一番最初

だったですよ。母は高校中退でしたけど、父は中学校まででしたから読み書きが苦手だったんですよ。母のほうがやり手でしたよ。スポーツも好きでバレーとかいろいろやっていて。母が新しい物好きだったのか、カメラやテレビもうちは早かったんです。

ひで子　自分がスポーツマンだったのだけは覚えている。できないのは自転車に乗れないことだけ。他は得意だったですけどね。

私はがっつい（ほんとうに）記憶がなくなってきましたよ。昨日のことを忘れるぐらいやってな。息子のおかげで長生きさせていただいて幸せです。

守られている感じ

和志　私が三十歳のときに父が六十二歳で亡くなりました。そのときからご先祖さまから守られているように思いますし、「母の面倒を最期までみなさい」と言われているのかな、と思うんです。悪いこともたくさんあったんですけど、同じようにいいこともある。大変なときに限って助けが

あったり。普段はこんな話はしないけどね。

私には娘が二人います。二回離婚しているんですけど、今でもしょっちゅう行き来していますよ。付き合いはずーっとあるんです。周りがびっくりするんですけど、「離婚したから」と言っても子どもにとって親は親ですから。子どもには罪がないですからね。離婚はしていても絆というのがあると思っていますし、自分自身、かけがえのない絆に守られている気がするんです。

昔の写真を見ながら語ってくれた別府さん。彼には今も昔の坂之上の風景が見えているんだろうな。

パンツ一丁で遊ぶ姿の写真が印象的でした。今からじゃ想像がつかないほど、やんちゃな子ども時代だったんだろうな。

113　別府 和志・ひで子

世の中、こんな仕事あるんだ

西村 通雄
シオンの家 施設長 昭和三十六年生

取材
楠 奈月
中島興志朗
西垂水栄太

画商から介護の世界へ

介護の世界に入る以前、私は現像所で七、八年働いていました。ですが現像自体がデジタルカメラの普及と同時に衰退していきましたので、まったく異業種の「絵を売る」会社に入りました。三十一、二歳くらいだったと思います。

絵は高額なものですから、営業先は高額所得者の方々になります。なかでも病院の先生たちはお得意様でした。今振り返ってみると「不思議と縁があったな」と思うんです。というのも今の介護の仕事でお世話になっているのが病院の先生方なのですから。営業の成績は良く、三ヶ月目には店

長になりました。

店長になったのはいいけれども過酷なノルマもあり、絵の仕事にストレスを感じるようになりました。ちょうどその頃、新聞に老人ホームの募集がでていました。それで試験を受けに行ったら合格しまして、特別養護老人ホームに五年勤めることになりました。

まったく介護の仕事をわかっていませんでしたから、慣れるまでは大変でした。でもそれまでの絵や現像の仕事などで経験した、いろんなお客さんと触れあってきた感覚が集約されて花開いたように思いましたね。今考えればすべてリンクしていたんだと思います。

お互いのニーズが高まりあう仕事

現像の仕事や絵を売っているとき、「これを一生の生業として続けていくのか？」という感じがありました。でも老人ホームの仕事をしたときに、それとは違うしっくりとした感覚があったんですね。

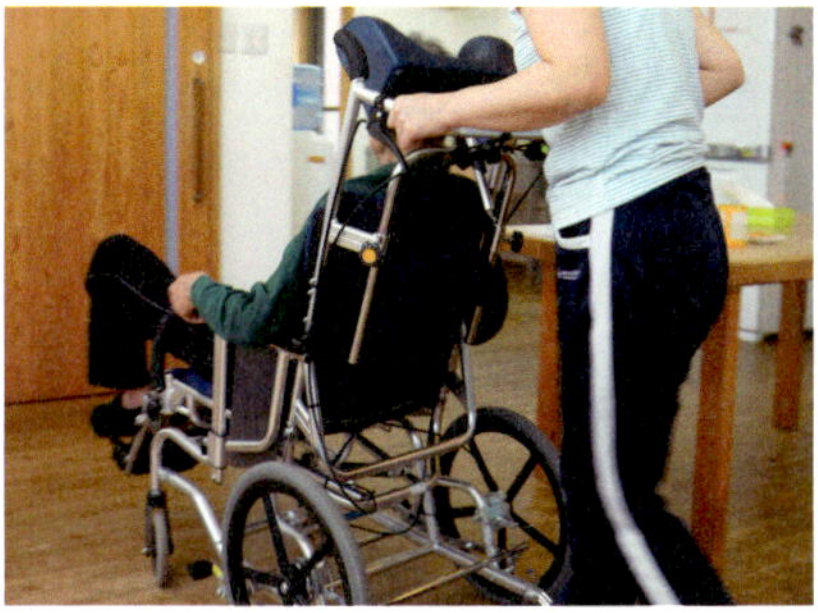

それまでは絵を抱えて病院の先生や公共機関に行くわけですけど、当然、絵は必要ないわけです。「何をしに来た？」っていう対応になりますよね。ときには「これをタダでくれると言われてもいらない。だから帰ってくれ」、そんなふうに言われたこともあります。

ところが老人ホームの利用者さんの家に訪ねていくと、「よく来てくださいました」と歓迎されるんです。逆なんですよ。私が思う以上に迎え入れてくださるんです。「世の中、こんな仕事ってあるんだ」と感動でした。

普通の仕事というのはニーズは片方のみにあって、もう片方にはないんです。しかし介護は違います。お互いのニーズが高まりあっているんです。こんなありがたい仕事はないと痛感しました。だったら自分を快く迎え入れてくださる方々に「もっと良きものを提供したい」と思えてきて、ここ「シオンの家」を開設したんです。自分の歩んできた道というのは、この仕事をするにあたってすべて必要なことだったのかな、と思いますね。

介護の大先生

私はクリスチャンで、「シオンの家」という名前は聖書からとっています。聖書によると「シオン」というのは「乳と蜜が流れる地」、すなわち天国です。理想的な場所。介護をご自宅で頑張っている方々の多くは、いわゆる介護難民です。次はどうすればいいのか？　と考えあぐねている。そういう方々にとって「もうどこにも行かなくていいよ。ここに最期までおってくださいよ」と言うための場所なんです。

利用者の方の身体はどんどん衰え、最後は死がやってきます。現代は自宅の畳の上で死ぬのではなく、九割以上は病院で死んでいます。でも「シオンの家」は最期の看取りまで対応します。家族と本人が望めば最期まで、ターミナルケアという領域も対応しています。そして他の施設では断られたような利用者さん、医療依存度の高い人も多く来てくださっています。どんな人でも拒まずに受け入れます。そのような意味で「シオンの家」と名乗ったんですね。

実はこの地域、びっくりするくらい老人ホームが多いんですよ。私がここに「シオンの家」を立ち上げたときに、関係団体から「こんなところに小さなケア施設をつくって馬鹿だね、すぐ潰れちゃうよ」と言われました。それくらい多い。ということは逆の言い方をすると、そういう施設を待ち望む人たちが大勢住んでいるんです。だから結果として、これまで老人ホームなどでしっかりと対応していただいていない、もしくは断られている人たちが大勢来てくださったんです。

開設当初、職員は泣きながら介護をすることになりました。なぜなら利用者さんの中には、しょっちゅう大声で怒鳴る方だったり、勝手に外に出てわめいて、なかなか施設に帰ってくださらない方などいらっしゃいますから。そのような方々は老人ホームでの集団処遇は難しいんです。でも私が思うに、そういった人たちは「介護の大先生」なのです。立派な講義をする先生が認知症について教えてくれるのではありません。一番の先生は認知症の方ご本人なんです。その方にいかに寄り添えるか。それが答えなんですね。

医療依存度の高い方も、認知症の方も受け入れることで多くの利用者さんが来てくださり、気づいたら自分たちには対応ができるようになった、ということだけなんです。そうやってこの地域のいろんな病院や老人ホームから声がかかってきています。私はこれ、共存共栄だと思っています。そういう意味ではこの坂之上地域だったから、それができたのかなと思っています よね。

働きたいという待機者

介護の業界には働き手がなかなか来ないと言われていますが、それは働く人が福祉に魅力を感じてこなかったからなんですね。だから専門学校とか大学とか、スペシャリストを育成する学校と私たちが、より密接な関係を築くことが必要だと思います。「介護って素晴らしいよね」って言えるように、私たちも一緒に頑張らないといけないという気はしますね。大事なのは今の若者に「いかにして介護に興味を持ってもらうか」だと思うん

です。将来自分が介護を受けるときには、そのような教育訓練を受けた人から介護を受けたいじゃないですか。

「シオンの家」では、介護を受けたい人の待機者はもちろんですけれども、ここで働きたいという待機者もつくりたいと思っています。「シオンの家に入りたいんだけど、あなたたちまだ誰も辞めないんですか？　私、ここで働きたいんです」っていう待機者。そういうビジョンを持って運営したいなと思っていますね。

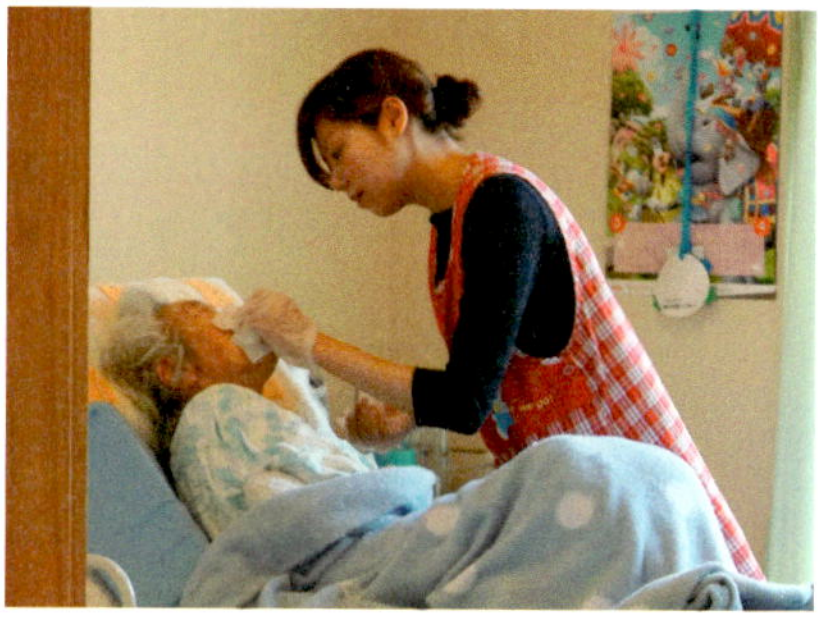

様々な仕事をしていたからこそ、人に求められる福祉という仕事の大切さに気づけたのかもしれない。人生のいろんなことがすべて肥やしとなり、福祉の世界に誘われたようでした。

物静かな方、という第一印象だった。だが介護のことについて語り出すと、とても熱かった。

九十歳の現役修理工

田淵 一夫
南薩自動車整備工場 大正十三年生

取材
朝沼まゆみ
大迫辰嘉
川畑龍馬

ドンパチもなく空襲を受けただけ

私の郷里は金峰山《きんぽうざん》の麓です。米農家で貧しくてですね、高等学校に行けなかった。それで神戸の川崎重工業の工員の学校に二年入ったわけです。川崎東山《とうやま》学校ちゅう川崎造船所の学校。でも「兵隊に行くなら、技術でその学校に行ったほうがいい。ここにおったら一生工員だ」と思ってですね。ほいで陸軍工科学校ちゅうところに行ったんです。卒業と同時に下士官になれるのが魅力で。そこでは技術を学んでな。今の仕事はそのおかげよね。戦争が激しくなったもんだから卒業が短縮されて、二年五ヶ月で卒業しました。年はまだ十九歳と七ヶ月でしたよ。

学校を約八百人卒業して、北はアリューシャンから南はニューギニアの辺り、支那、満州までバラバラに行きよったよ。一クラス五十五人だったけど八人かなあ、戦死しました。私は孫呉《そんご》ちゅう町におって、自動車とか戦車の補給修理が専門で工場におったから、ドンパチもなく空襲を受けただけやったですね。

情けなかったですよ

われわれは日本が負けたことも知らんかったですよ。隊長は「負けた」なんて一言も言わんで、「祖国に向かって前進する」なんて言うもんだから。食料を積んで、いろんな部隊ごちゃ混ぜでシベリアに向かったんですよ。そっから捕虜として強制労働ですよね。

バイカル湖の東にチタっていう古い町があるのよ。われわれはまだ一年目で、かつれて（飢えて）みんな栄養失調でな。やっとかっと歩きながら公園のところを通ったら、立派な記念碑があるのよ。そこには「第九師団占

領の碑」って書いてあってな。シベリア出兵のときのよな。われわれは捕虜やってでな、それを見たら情けなかったですよ。一年目にずいぶん死にました。二年目、三年目になったら、それほどかつれんかったですよ。パンは一握りやったですけどな。

昭和二十一年の春までおった収容所では、山に入って木を切りおったです。一メートル五十センチくらいの大きな鋸《のこ》を二人で使ってな。二メートルくらいに切り分けたのを、ロープに結んで引いて山から出して。それが私が経験した一番きつい仕事でした。私どものところはまだ良かったほうだったみたいですね。

ウクライナの女の子たちがドイツに協力したっちゅうて強制労働で来とってな。その子たちとの共同作業が楽しかったですよね。昼休みに日本人たちばかりが集まって座っていると、「こんにちは」ちゅうてほっぺたにキスしてくれて。でももう、かつれてるから食い気ばっかいで、色気は忘れてしまってるのよ。

若いときの激しい生活は忘れたけど兵隊のことはよくおぼえていますよ。

ソ連が国境を突破して来たときのことやら、満州の引き揚げのこととかな。軍隊ちゅうのも面白いところで、会社と変わりませんよね。

二〇一二年の十一月にわれわれ最後の同窓会が靖国神社であって、神主の先導で本殿に上がって頭を下げたこと、それが一番うれしかったですね。五十五人卒業したけど、杖をついて四人集まりましたよ。

坂之上に移ってきました

昭和二十三年の暮れに復員しました。佐世保で九年くらい米軍の駐留軍の修理工場におりました。公務員でですね、日本の政府が給料を払って、仕事は米軍の海軍の輸送車両修理でしたよ。暇でしたから、日本の車の整備の勉強をしたりしていましたよね。

昭和四十三年に佐世保から鹿児島まで、トラックに道具を積んで持ってきました。二人の見習工が「車の修理を習いたい」ちゅうてついて来てくれてな。最初笹貫《ささぬき》でやっとったんですけど地主ともめたもんですから、土

地を探して坂之上に移ることにしました。昭和四十六年の暮れだったですかね。

ここに工場を開設するまで二年ほどかかりましたので、広場で整備をしちょったんです。工場も何もかも自分たちで手づくりですよ。この辺りは何もなくてですね、竹やぶでしたよね。大学はもうできちょって団地を造成する頃やったですよ。

知らぬ間に家ができましたよね。経済大学（現・鹿児島国際大学）の下の道だけは割に良かったけど、ほとんどの道は悪くて。これから車検に行く車がドブに落ちたりして大変やったですよ。そんなことが何べんかありました。今は良くなったですよ。

幸運のつながり

私は貯金もなんもなかったから、昭和四十七年にお金を借りて工場を建てました。それを指宿《いぶすき》の自動車学校の整備費なんかで、七年で返しました。

自動車学校の社長が陸軍工科学校の後輩でしたから、教習車とか全部、私にさせてくれてたんですね。運が良くてな。

昔のことはよくおぼえてますよ。今のうちに話しておかんと忘れてしまうからね。今の人には役に立たんのじゃないかと思うこともありますけどね。言うだけじゃダメだから、記録を残しています。

全部、幸運のつながりで今まで生きてきました。苦しいこともたくさんありましたけど、うまい具合に良いほうにつながっていくんですよね。家は貧乏だったけど、なんとかなるもんですな。今考えると、人の情けでこれまでやってこられたんですよね。九十歳になっても修理ができて、ありがたいことですよ。

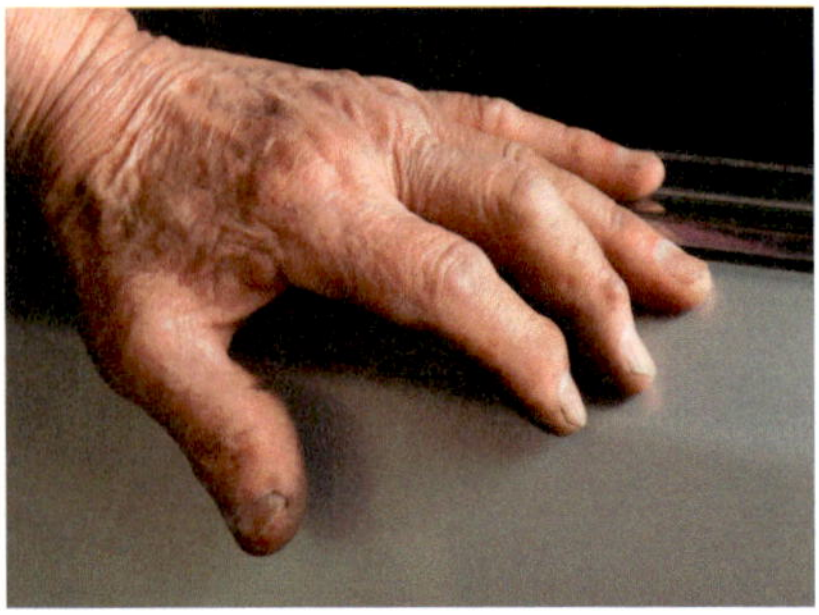

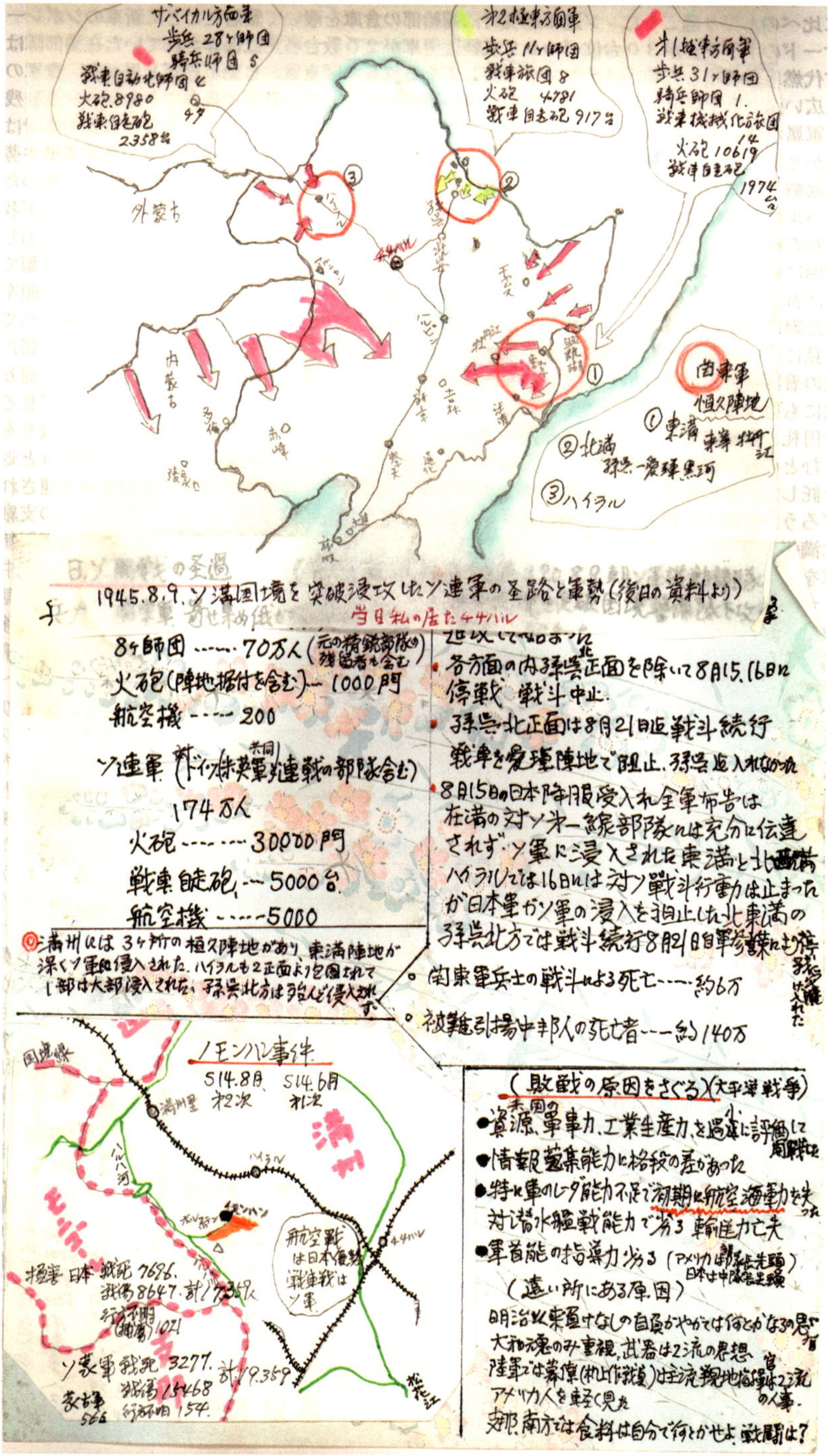
ザバイカル方面軍
歩兵 28ヶ師団
騎兵師団 5
戦車自動化師団 2
火砲 8980
戦車自走砲 2358台
第2極東方面軍
歩兵 11ヶ師団
戦車旅団 8
火砲 4781
戦車自走砲 917台
第1極東方面軍
歩兵 31ヶ師団
騎兵師団 1
戦車機械化旅団 14
火砲 10619
戦車自走砲 1974台
外蒙古
内蒙古
関東軍
恒久陣地
①東満 東寧 牡丹江
②北満 孫呉 愛琿 黒河
③ハイラル
1945.8.9. ソ満国境を突破侵攻したソ連軍の経路と軍勢(後日の資料より)
当日私の居たチチハル
8ヶ師団 ……… 70万人(元の精鋭部隊の残留者を含む)
火砲(陣地据付を含む) … 1000門
航空機 …… 200
ソ連軍(対ドイツ米英共同軍ソ連戦の部隊含む)
174万人
火砲 ……… 30000門
戦車自走砲 … 5000台
航空機 …… 5000
各方面の内孫呉北正面を除いて8月15、16日に停戦 戦斗中止。
孫呉北正面は8月21日迄戦斗続行 戦車を堅塁陣地で阻止、孫呉迄入れなかった
8月15日の日本降服受入れ全軍布告は在満の対ソ第一線部隊には充分に伝達されず、ソ軍に浸入された東満と北西満ハイラルでは16日には対ソ戦斗行動は止まったが日本軍がソ軍の浸入を阻止した北東満の孫呉北方では戦斗続行8月21日日軍参謀来により停戦を受け入れた
◎満州には3ヶ所の恒久陣地があり、東満陣地が深くソ軍に侵入された。ハイラルも2正面より包囲されて1部は大部浸入された。孫呉北方は殆んど侵入されず。
○関東軍兵士の戦斗による死亡 …… 約6万
○被難引揚中邦人の死亡者 … 約140万
ノモンハン事件
S14.8月 第2次
S14.6月 第1次
国境線
満州里
ハイラル
ハルハ河
ノモンハン
チチハル
満州
航空戦は日本優勢 戦車戦はソ軍
損害 日本 戦死 7696 戦傷 8647 計17364人 行方不明(捕虜) 1021
ソ蒙軍 戦死 3277 戦傷 15468 計19359 行方不明 154
蒙古軍 566
(敗戦の原因をさぐる)(太平洋戦争)
●米国の資源、軍事力、工業生産力、を過小に評価して開戦した
●情報蒐集能力に格段の差があった
●特に軍のレーダ能力不足で初期に航空海軍力を失った 対潜水艦戦能力で劣る 輸送力亡失
●軍首脳の指導力劣る(アメリカは部隊長先頭 日本は中隊長先頭)
(遠い所にある原因)
明治以来負けなしの自負がやがては何とかなるの思想
大和魂のみ重視、武器は2流の思想
陸軍では幕僚(机上作戦者)は主流 現地指揮官は2流の人事。
アメリカ人を軽く見た
支那、南方では食料は自分で何とかせよ 戦闘は?

別れ際に「またいつでも話してあげるから」と言ってくれたことがうれしく、印象に残っている。また会いたいなあ。

田淵 一夫

農協で四半世紀

川添 スミ子
農協女性部 顧問 昭和二十四年生

取材
金井 桃子
川畑 龍馬
楠 奈月

人生が変わりました

大隅半島の大崎の出身です。実家はカライモやお米など、農業をしていました。七人兄弟の末っ子です。高校を卒業して鹿児島市内の百貨店に就職しました。田舎育ちだから遊ぶことを知らないので、全部貯金していましたね。主人と結婚する二十四歳まで働いていました。主人は坂之上の出身です。交通局で働いていて、私が通勤で乗っていた市電の車掌をしていたんです。主人から声をかけてもらって話すようになりました。ソフトボールをしていて色が黒かったから、目立ったんじゃないですかね（笑）。嫁いでからは仕事をせず、三食昼寝付きでどんどん太りました。ほんと

うに何もしていない生活だったんです。三十七歳のときに町内会で班長の役が回ってきて、人生が変わりました。昭和六十一年のことでした。

それまで知り合いはいないわけですよ。自分の独身時代の友達はいても、近所付き合いもなかったですから。子どももいないので学校の付き合いもなかったし。「箱入り嫁さん」から百八十度変わりましたよ。楽しかった。すっごい楽しかった。

次の年に町内会の婦人部長と農協（農業協同組合・ＪＡ）の婦人部長を兼任することになりました。昭和三十年代までこの辺りは全部カライモ畑。みんな農業をしていたので、町内会の婦人部イコール農協の婦人部（現・女性部）だったらしいんですね。農協の婦人部長のときは一応形式だけの選挙があって、わずか十票のうち四票で当選しました。このたったの四票で人生が変わったんですよね。

それと同じ年に、行政のつくった健康教室の代表を引き受けたんです。それからずーっとやっていますから、今ではもう二十八年間、農協と行政に関わっています。四半世紀やっていることになります。

平成三年にマラソンをしている最中、出血をしてガンが発見されました。そのマラソンは農協の健康教室の一環でしたので、「農協の教室のおかげでガンが発見された」と思ったんですね。

平成四年にそれまでの「町内会と農協を兼任する」ということに疑問を持つ人が増え、農協の婦人部長を誰もやらないって事態になったんです。それで困った農協から頼まれて、婦人部長を再度引き受けました。農協への恩返しのつもりでしたね。以来ずっと続けて今年は顧問となっています。

仲間づくり

「仲間づくり」と呼んでいる活動で、農協と行政を連携するよう努力してきました。結果、どの地域も人数が減っている中、三年連続で坂之上の農協女性部は増えています。そのことで表彰され、平成二十七年の一月には農協女性部の体験発表の九州代表となり全国大会に出場しました。

私は農協に体操教室と社交ダンスのお教室を持っています。それと月一

で健康教室やお達者クラブとかいろいろと関わっています。お達者クラブでは近くの「ペコちゃん保育園」とも一緒にやっていますよ。

お教室はみんなに家から出てもらうことが目的なんです。外に出る人は元気ですよ。体操教室を二十年やっているけど、体操が目的なのではなくて、まず家を出て、そしてみんなとお話をしてもらうことが大事。「お口の体操が一番」というのが私の言い分です。外に出るとなれば鏡もある程度見るし、知り合いがいたら挨拶もしないといけないから。外に出る人は表情が変わってくるし、着るものも変わってきますよね。

東日本大震災が起こったときに、女性部で義援金を集めたらすごく集まりました。それがきっかけになって売価に義援金が含まれるポロシャツをつくることにしたんです。千五百円でポロシャツを売って、その中に義援金が三百円含まれています。そのポロシャツを着て一年に二回ウォーキング大会をしています。秋はコスモス、春は桜を見に行きます。平成二十三年の秋からはじめてもう八回目。これからもずっと続けていきますよ。

蛙の子は蛙

私は小中高と、ずっと休みの日は農業でしたから、農業をしたくなかった。親も実家に置いておきたくなかったんです。というのも家に置いておけば農家から嫁にもらいに来ますでしょう。だから早くに家を出ました。そんなふうに思っていた私が、平成十三年から農業しているんです。

夫の退職の前年に、ＪＡ鹿児島県女性組織協議会の会長になったんですね。ふと全国の会長一覧を見たら「非農家」は私一人だったんです。「農家じゃなくてもいいですよ」って言われていたんですけど、「今度の会長は農業をしちょらん」って言われたりもしてですね。夫も退職して「農業もいいよね」と言っているときだったから、土地を借りて農業をはじめました。サトイモやジャガイモ、ブロッコリーとか。結局じゅんぐりまわって蛙の子は蛙になってるんですね（笑）。

多くの女性を一つにまとめる、川添さんのパワーに圧倒された。

イキイキと楽しそうに活動する姿を見ると人生そのものが楽しそうで、女性として憧れる姿でした。

JA
グリーン
坂之上
健康教室

長太郎の黒

有山明宏
清泉寺長太郎焼窯元　昭和二十年生

取材
野添隆太
波戸上陽平

半陶半漁

うちは焼物としてはまだ百年ちょっとです。以前は島津さんのところに「お庭焼き」という、殿様専用の窯があったんですよ。初代はそこで絵付け師として働いていたんですね。明治三十二年にお庭焼きが閉鎖になったために、谷山の永田川にかかる清見橋のたもとで窯を開いたようです。「清見山」という名前ではじめました。今はマンションが建っていますが、石碑が残っています。

「長太郎焼」となったのが大正九年。由来は初代の名前です。「長太郎焼にすれば良いよ」と命名してくださったのが、画家の黒田清輝さんです。

黒田さんが鹿児島のご出身なもんですから、「焼物を見たい」と長太郎に来られたみたいですね。

初代の頃は海が近くでしたから、陶芸と漁業とやっていたようです。半陶半漁。昼間に陶芸、夜に魚釣りに行って明け方帰ってきて。午前中に初代の女房が「ぶえん(鮮魚)いらんかね?」と天秤棒を担いで、まわっていたみたいですね。船も大小二艘持っていたそうです。

初代の長男が二代目を継ぎました。私は五代目を継ぐ予定です。長太郎焼には私がやっている清泉寺窯と、四代目がやっている谷山窯、弟がやっている指宿《いぶすき》窯があります。

自分ではつくれんぞ

私の生まれは昭和二十年の四月十七日です。話によりますと空襲警報が鳴り響く中、自分たちで掘った防空壕で生まれたらしいです。

焼物を本格的にやりだしたのは大学を卒業してからです。卒業と同時に、

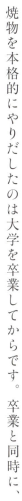

名古屋工業技術試験所瀬戸分室という、焼物専門の研究所で一年半修行をしました。そして跡を継ぐため帰ってきて勉強をしました。

二代目である父が隠居をする、ということで昭和四十八年にここに移転してきました。私も結婚していましたから家族で一緒について来ました。ここには魔崖仏や清泉寺の跡があるので、二代目が若い頃からよく遊びに来ていたようです。二代目が特に気に入ったのが、窯の横にある丘でした。丘を見て「これは自分ではつくれんぞ」と言って。二代目が七十代で、私が三十代のときでした。住まいは谷山から古い家を移築しました。

この辺りは変わりないですね。上のほうに家ができてきたくらいです。以前は側溝もないし、雨の日は泥道で車がよくスリップしておりましたよ。

大長太郎に帰れ

窯はガス窯です。景気の良い頃は一週間に一回は焼きおったんですけど、今は何ヶ月に一回ですね。ほんとうは焼物を薪で焼きたいんです。薪はガ

スより高いですし、また薪を揃えるのにも時間がかかります。ガスでしたら電話一本で、「明日持ってきてくれ」「今持ってきてくれ」って言えますけど、薪はそういうわけにはいかない。

焼き上がるのにだいたい十五、六時間。よそは一回素焼きをするんです。低い温度で焼いて、それから釉薬《ゆうやく》をかける。うちの場合は素焼きしないで、生の状態で釉薬をかけるんです。それが特徴です。素焼きにかけると表面が、虫が喰ったようになるんです。でも生でかけると、焼き上がりがきれいになるんですね。

うちの場合は自然釉といって、山からとってきたものを自分たちで粉砕して釉薬をつくります。良いか悪いかをテストして焼いてみるんです。良かったら山主さんに相談して、「トラック一台いくらで、とらせてください」ってお願いして。場所は従兄弟にも教えてないです。これなしでは長太郎の黒は出ないんですよね。土は谷山におったときから錫山《すずやま》にとりに行きおったですよ。私もまた自分で探して、山を一坪いくらで買って、そこからとりおったです。今は半分くらいは市販の粘土でやっていますね。本

来は地元の土を使わないと薩摩焼にならないですけれども。

昔の伝統を引き継ぎつつ、新しいものをつくるんですけど、どういうわけかだんだんと昔の長太郎に帰っていくんですよ。例えば新しい色の焼物をつくっても、お客さんは「これは長太郎じゃない。長太郎はこの黒だ」と言って黒を買っていかれますよ。黒ばっかしだと色気も素っ気もないですから、色物をつくったりしていますけど。

やっぱり長太郎といえば黒物ですね。壁にかけてあるのは二代目が親しくしていた、四元義隆氏の言葉で「大長太郎に帰れ」と書かれています。「あまり小細工しないで昔の、初代から通じている品物をつくれ」ということなんですね。

瓜に十四、五年

今は瓜《うり》をイメージして、瓜型の感じを出しながらつくっています。瓜は「ラ」とも読むので、それを題名にしています。次の発想があるまではそ

れをずーっと続けないといけないので、いつそれを終わりにするかが問題です。このシリーズをはじめて、十四、五年くらいになりますかね。

お客さんの注文には「何でもこたえなきゃ」ということで、今は骨壷までつくっています。「墓を新しくつくりなおすので、骨壷も新しいのにするから」と言ってですね。最近になってそういうのが多いですよ。

小学生たちが「伝統工芸について」という社会科の授業で、あっちこっちから来ますね。人数が多いときは二班に分かれて、一班は私のところに来て、二班は清泉寺や磨崖仏に行って、歴史や焼物の勉強をしていますね。

陶芸教室は第一金曜日、第三金曜日、月に二回やっています。今は生徒さんは十五名ほどです。長い人で二十年です。ご婦人が多いですけれども、男性の方は二人です。町内会の方も、たまに体験しに来ますね。

弟子、後継者

跡を継いでくれるということで、息子が二人とも焼物の勉強をしていま

す。中学生くらいのときに「焼物は大変だぞ。公務員のほうがいいんじゃないか」と息子に話したことがありますけどね。二人とも「どうしても焼物をしたい」と言ってこの世界に入りました。

弟子は十五歳で中学卒業して入ってきて、もう四十年近くなります。礼儀作法とか、日常生活のことを一から十まで教えましたね。寝泊まりは屋根裏で、食事は一緒にしています。もう家族ですよね。

技法については誰にも教えられないです。また誰からか教えてもらうってこともない。自分で試行錯誤して釉薬をつくって焼いてみるんですね。調合比や焼く温度というのは先代からも教えてもらわないですね。

良い具合に焼きあがったら満足感がありますけど、反対に「今度はもうちょっと」っていうのもありますよね。それが楽しみであり、辛いところでもありますね。

インタビュー後、作業を見学させてもらった。それまでの優しいまなざしから、職人の真剣なまなざしへと変わっていた。

毎回取材後、家の外に出て道路まで見送ってくれた。突然の訪問にも仕事の手を休めて笑顔で対応してくれた。

幼稚園バスの運転手

桑代 光春

幼稚園バス運転手　昭和二十年生

取材
楠 奈月
西垂水栄太

僕の原点

知覧《ちらん》の生まれで、知覧小学校、知覧中学校、薩南工業高校を卒業しました。昭和二十年の九月生まれとなっていますが、ほんとうは終戦の前、七月に生まれたそうです。親父が海軍でしたから、家族で佐世保に住んでいました。戦争が終わってから鹿児島に帰って、それから出生届けを出したので二ヶ月遅れになったそうです。

小さい頃から今日までずっと野球を続けています。子どものときは家のボロ切れでミットをつくって、ボールも革を自分で巻いてキャッチボールをしていました。それが僕の原点ですね。

学校から家まで五キロくらいの石ころ道でしたから、帰りに松や杉の木目がけて石を投げて遊んでいました。それで指の使い方をおぼえましたね。イタズラもけっこうやりましたよ。上の道路から下の家の瓦に向かって石を投げて当てたりとか。今でも同窓会で「お前たちはいつも俺の家に、上から石を投げよったねえ」って言われています。

野山で走り回って木の枝を削ってチャンバラとか、そういうのがわれわれの幼少時代の遊びでしたね。帰り道は柿や野いちご、スイカ、季節のいろんなものを、ときには他人の畑に入ってみんなで食べたりね。そんな時代でしたよね。夏は川で石を投げたり、山太郎蟹《がに》や鰻《うなぎ》をとったりして遊び、家の手伝いをしながら育ちました。親父が三男坊で貧しかったから、家に帰ったら水汲みとか牛や馬の世話とか、手伝いが日課でしたね。

僕は長男ですから、今でも月に二回ほどは実家に帰って、墓参りと家の周りの掃除なんかをしています。「今日までこうしてこられたのも先祖のおかげだから、先祖を粗末にしてはいけないよ」と言われて育ちましたからね。「自分の代までは家と墓を守らんと」と思っていますよ。

ありがたいですよね

高校を出てから六年ぐらい大阪に住んでおったら、お袋が死んだので鹿児島に帰ってきました。鹿児島に帰ってからは西濃運輸に三十年近く勤めて、それから小松製作所に六十五歳までの六年間おりました。

そこを辞めてから時間が自由になったので、好きだった山登りを一年間ほどやっていました。でもだんだん退屈になってきてですね。そんな頃に谷山幼稚園を経営する妙行寺のお坊さんから「バスの運転手として来ないね？」と誘われてね。それで四年前から幼稚園バスの運転手をしています。

そのお坊さんには前からずっとお世話になっていて。ラ・サール高校の野球部を教えるようになったのも、そのお坊さんの息子さんがラ・サールにおったから頼まれたんですよね。もう教えはじめてから十六年くらいになります。他にも「幼稚園のバス運転手を辞めたら、介護施設で働かんか」と言ってくれたり、いろんな仕事の誘いをしてくれますからね。ありがたいですよね。七十歳になっても働く場所があるというのは。働く意欲

はありますし、毎週三、四日は四～七キロ走っていますから体力もありますよ。トレーニングも続けていますから、まだ僕のほうが高校生より速い球を投げるくらいです。高校生がビックリしますからね。

日々を満喫

五十五歳頃から山登りをはじめました。広島や島根なんかにバスでお客さんを連れて行っていたときに、「運転手さんも登りましょうよ」と誘われたのがきっかけですね。次第に地域の山岳部の方々と交流を深めたり、名産物を食べたり、酒蔵を回ったり、温泉に入ったり、そういうことをするようになって好きになっていきました。単に登るだけじゃなくて、麓の神社やお寺に書いてある地域の歴史とかを学ぶのが、すごく好きなんです。また希少な植物が見つかることがありますが、そういうときの感慨はなんとも言えませんね。

いずれ日本の百名山は征服したいなって気持ちで頑張っています。ここ

五年ほどは四国の山に凝っていますね。石槌山《いしづち》、剱山《つるぎ》、祖谷渓《いやだに》とか。石槌山の男らしさにひかれますよね。天狗岩という頂上にある岩は垂直に切り立っています。あのような男らしい山は九州にはあまりないですね。

月曜日から金曜日までは幼稚園の子どもたちと接して、幼少時代にかえる感じで楽しいですよね。土日はラ・サールの生徒たちと野球をしているときが幸せですね。山にも行って、坂之上の温泉にも週三、四日は行って。まあ日々を満喫している感じです。

山登りや温泉で出会った、同じ世代で仕事や地位、お金も関係なく話せる仲間がいるのがうれしいよね。意見が衝突しないように、お互いの話を聞くような付き合いをしていますよ。会話することによって元気づけられますよね。

年だからか最近になって、昔の写真を眺めながら先祖の思いを考えるようになりました。今の自分があるのは先祖のおかげだなあと思うんですよ。残りの人生も楽しみたいと思っています。

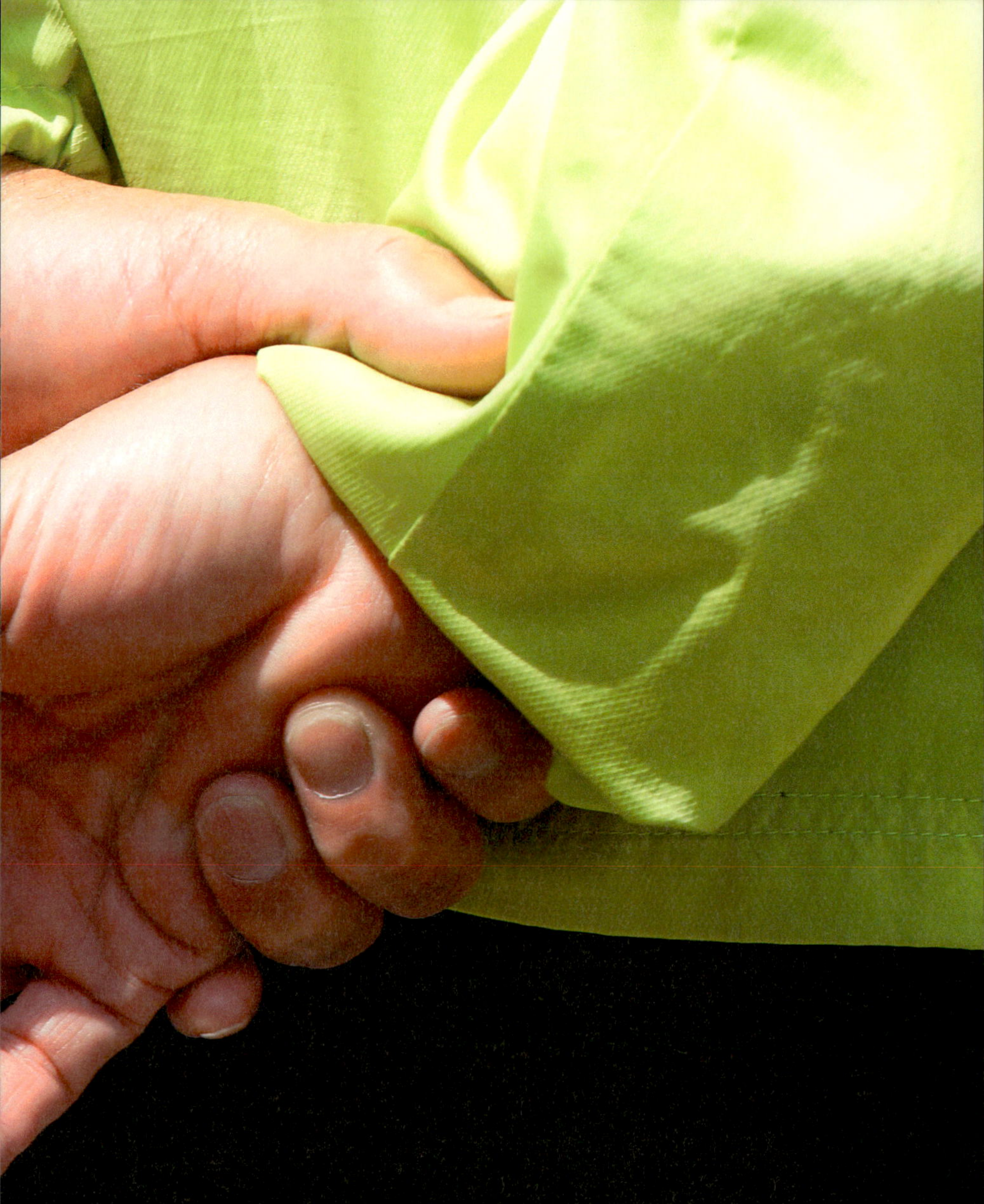

話しながら、手が動き続けていた。まるで、ボールを投げる仕草のようで、ほんとうに野球が好きなんだなと感じた。

近くでつくりたての野菜を

中村 勉
農業 昭和十一年生

鹿屋から串良へ

　実家は鹿屋《かのや》市古江町で農業と漁業をしおったです。あまり金にならんで貧乏してな。九人兄弟だから子どもは多いし。私は三男坊。長男は晩に錦江湾に魚とり行って、昼間はうちの農業をしおった。鹿屋に大学ができたでしょう。あの付近がうちの畑やったの。

　昔の夜釣りは今みたいに電気じゃなくて、ランプを何台かつけて。油は「種油」と言って椿油だった。椿の実を絞って、少しずつ火をつくれば（つければ）燃えるわけ。

　中学校を卒業して四月にはもう住み込みで働いていました。大隅半島の

取材
大迫 辰嘉
川畑 龍馬

串良町《くしらちょう》でうどん、そうめんをつくったり、精米もしおったです。米やムギ、いろんなものを工場でひきおった。二、三年そこにいて、それからは転々としながら、各地の麺屋で働いていました。

ナカムラ製麺

兄貴と二人で「ナカムラ製麺」っていうのを鹿児島ではじめました。四十年くらいはしましたよ。塩屋町の沖之村（現・甲突町）で店を出して。朝三時頃には起きて八時頃までつくって、それから鹿児島市内を配達。二時頃までは配達にかかっていました。当時鹿児島にはうどん屋が多かったから、うどんがほとんどでしたね。

はじめは、小麦粉を卸したりする製粉工場から麺を仕入れおったけど、途中からは自分たちでつくりおった。手づくりだったから難儀したんですよ。どんどん売れるもんだから今度は機械を買うてな。苦労したですよ。朝も早いし晩も遅いしな。休める間なんかなかったですよ。売り先には

スーパーもあれば食堂もあるでしょう。ずーっと配達しおった。麺をつくるとき一番気を使うのは小麦粉をこねるときですな。水もいい水ほどいいですけど。うどん、そば、ラーメン、全部つくっておりましたから、それぞれ水の加減も違う。

儲かって田上《たがみ》に貸家も五軒つくったんですよ。そこに家と工場もつくりました。お店は機械が置けるように広いところを探して、あちこち転々としていました。坂之上に移ってきたのは昭和五十二年。お金も相当たまっていたんですけどな、兄は人がいいもんだから保証人になって何千万とやられたんです。全部持って行かれた。それで十五年前に会社は潰れました。

毎日ここにおりますから

会社がなくなったから漬物屋で働いてな。五十歳くらいだったでしょうかね。六十五歳で定年退職になってから、この畑をやってる。家内も難儀したですよ。子どもは二人いて。上は女の子で下は男の子。

たかな

うちんとは（家内は）鹿屋の生まれで、私とは鹿児島で出会った。結婚は二十四歳だったから早くもらったですよ。家内は鹿児島に来てから大島紬の織り方をおぼえて、機織《はた》りしとった。自分で織ったのを奄美大島出身の親方に持っていって、お金をもらいよったですよ。

今は野菜が売れて、おかず代として肉を買ったり魚を買ったりするぐらいできればいいんですよ。年金をもらっていますから。お客さんに「これがおいしかった、またつくってください」と言われます。常連さんは多いです。特に年寄りが多いですよ。年をとると遠くまで歩けんので、「近くでつくりたての野菜が買える」と言って喜んでくれます。

お客さんと仲がいいもんだから、三時半から四時頃の夕方、小屋で座ってお茶を飲みながら世間話をします。小屋は全部自分でつくったんです。お金がかからんように山に木を切りに行ってな。雨が降っても、毎日ここにおりますから来てください。

167　中村 勉

大学の前で買える、中村さんが育てた野菜。買って帰って母にサラダをつくってもらったらおいしかった。また買いにいこう。

169 中村 勉

幸せを運ぶ「ピエロ」

吉嶺 陽子

プレゼントショップ ピエロ 昭和二十二年生

取材 朝沼まゆみ 田中涼太 作田海成 水流良太郎 武元明希香

それでもうイチコロでしたね

川辺《かわなべ》の勝目《かつめ》麓《ふもと》にある郵便局が実家です。父は郵便局長で、兄が跡を継いで四代目でした。兄は定年で辞めて、今は別の方に局長を譲っています。父が「箪笥《たんす》を一つ減らしてでも学校に行ってくれ。自分が得たものは絶対なくさないから」という考えでしたので、芸事は日本舞踊、バレエ、ヴァイオリンとピアノを習い、大学は東京の玉川学園に行きました。

兄と主人が大学の同級生だったんです。それが縁で結婚しました。結婚前に私は幼稚園で働いていたんですけど、事故を起こして半年入院していたんです。そのとき主人が「後遺症が出たときには僕と結婚してく

れる？」と言ってくれたんですね。それでもうイチコロでしたね。当時婚約者がいたんですけど、「こういう人は他にはいない」と思ってその話をけって結婚しました。主人の実家は枕崎《まくらざき》で大きな建設業を営んでいて、資材置き場として使われていた土地に、私たちの家を新築してくれたんです。ここに四十五年住んでいます。

今でも主人に愛されている

結婚して二十年で主人が病気で亡くなりました。まだ四十代でした。主人がもう助からない病気だってわかってから、「昼間だけでも病気のことを忘れたい」と思ってお店をはじめることにしました。それまで私はピアノや着付けの先生を自宅でしていました。

主人が「おまえは運転不適格者だ」って言うものですから、車は運転しないんですね。それで交通の便の良い宇宿《うすき》に、「ピノキオ」というリサイクルショップを開きました。そこでは赤字でしたけど、五年間頑張りまし

た。私には手づくりのものを集めたプレゼントショップをしたい、という夢がありましたから、そこではつくり手を見つけるのが目的でしたね。自宅の建て替えを機に、この家でお店をはじめました。ピエロっていうのは幸せを運んでくれるんですって。それでお店を「ピエロ」と名付けました。

あるとき国際大学の学生さんが「涙がついてるピエロっていうのは、『嫌なことを引き受けてくれる』っていわれがあるんですよ」って教えてくれたんです。それからピエロにビーズで涙をつけて売るようにしました。

主人が亡くなって二十何年か経つけど、今でも主人に愛されていると自信を持っています。主人と会えるんだったら、私は世界のどこへだって歩いてでも行く。ほんとうに好きな人と結婚するのが一番の宝ですよね。

桜の気

私は桜が好きで、もうほんとうに、馬鹿みたいに好きなんです。だからなんにでも桜を描かないと自分でも使わないし、売らないんです。描いて

くださる方が何人かいらっしゃるんですけど、桜だったらなんでもいいわけではないんです。心が動かないとダメなんです。

なにも桜に強い思い出とかそういうのはないんですけど、大きな桜を見ていると涙が出てきます。見に行くときは必ず、「ありがとうねー」と言って感謝してから桜を見て、そーっとね、花びらを食べるんです。そうしたら一年の気をもらえるって聞いたことがあるんです。だから大きな何百年と経つ桜が好きです。阿蘇の樹齢四百年くらいの一心行の桜は、十年続けて見に行きましたよ。花見の時期にはお店を一週間くらい閉めて、桜を見に行くんです。

桜ともそうですけど、お店だって大事なことは心のキャッチボールですよね。お客さんが買わなくても、来てくださっただけでもうれしいもの。お客さんが来なければ来ないで、来たら来たで楽しみがあるから。仕事が自分の好きなものって最高ですよね。私はそう思う。命もなんにも惜しくない、明日死んでも惜しくない、毎日楽しく生きてるもの。

お店だけでなく、自宅にも大好きな桜がいっぱいです。

初対面でも優しさが伝わり、すぐに打ち解けることができた気がしました。とても心の広い方で、独特の世界観を持っていました。お店にいると、吉嶺さんのわくわくしている、好奇心いっぱいの心をのぞいているような印象を受けました。

177　吉嶺陽子

笠松部落
竹ノ内正徳（夫）農業　昭和五年生
アヤ子（妻）農業　昭和九年生

取材
野添隆太
波戸上陽平

田舎も田舎だった場所

正徳　出身は鹿児島国際大学の前の野頭《のがしら》という部落です。私の姓は「竹ノ内」ですけれども、もともとは「小倉」です。お袋が笠松部落から小倉家に嫁いできました。私の小学校卒業と同時に、（養子に行くはずだった）二番目の兄貴が大東亜戦争で戦死したんです。それで昭和二十三年に十八歳で私が養子として笠松部落に来ました。農地が広かったもんですから跡とりとして。ここに来てもう六十七年になります。これまで農業をしながら、竹ノ内商店というお店をやったり、ゴルフ場で働いたりいろいろしてきました。昭和三十年頃は人家が五十三軒でした。それが今では二百三十軒に

はなるでしょう。

以前は電気がなかったですよ。九州電力の工事が昭和二十四年に完成しました。五十三軒に光が届いたわけ。まあ昔は田舎も田舎だった場所ですよね。昭和二十七、八年までは魚も配給制でしてな、家庭の人数によって配分しおった。それでイモなんかをここから川辺《かわなべ》、伊集院《いじゅういん》、山川《やまがわ》方面へ自転車で買い出しに行った。そういう貧乏な、御苦労な生活をしていた地域でした。今は殿様がするような生活になってきましたけど。

この地域の人たちはほとんどが農業一筋。私の家はタバコ、カライモ、畜産。この三通りで生活をしてきた。タバコは一番大きな収入でした。栽培して乾燥して収納して。今は米葉《べいは》(外来種)が多いですけども、その時期はまだ丸葉《まるは》、在来種のタバコでした。

この家はもう百年ばかりになるでしょうか、昔は茅葺屋根の家でした。上が高くてタバコを掛けても下まで来ないし、下では囲炉裏で火を焚きおったから、その熱風でタバコの葉っぱを乾燥しおったんですよね。昔は乾燥倉がなかったですからね。

アヤ子　息子の生まれた頃に大工さんが、家の頭をちょん切って茅葺をやめて瓦にしてくれたんです。昔は私の実家も茅葺で、梯子をかけて「いろいろな書類を家の空（屋根裏）に上げた」とお母さんが話をしていましたよ。母の父は村長をしていたみたいです。村長の仕事を手伝ってなのか、お母さんはそろばんが上手でした。九十歳近くまでそろばんをしおった。

すごく苦労しました

私の出身は隣部落の上床《うわとこ》です。姓も上床です。昭和九年生まれです。私が十歳のときお父さんが病気で亡くなった。四十一歳、男の厄年でした。すごく苦労しました。私の家の昔を語ると、ほんとう語れないです。母が一人になって、食べる物は自分でつくるからいっぱいあるけど、現金収入がなかったです。それでお母さんは出すお金がないもんですから、隣の家にいつもお金を借りに行きおったですよね。

私が中学校を卒業してお母さんに「紡績に行く」と言ったけど、「たっ

た二人しかいない子どもを紡績にはやらない。お母さんが若いときに行きおったけれど、すごくゴミゴミして肺病になる人が多いんだよ。行かないほうがいいよ」って言われて。「だけどお母さん、お金とりがないがね」って言うと「従兄弟のおじさんが、お茶沸かしで使ってくれるって言ってくれているから」と。それで毎朝、影原《かげはら》まで歩いて通いました。

給料をもらったら袋ごとお母さんにやって、お母さんが「アヤ子が給料をもらってきたよ」と、まず仏さんにあげて。それから中身を見て「おまえがとってきたお金だけどよ、借りたところに返さないとまた借りられないから、返してくるからね」と夕方に持っていきよったです。だから「家庭ちゅうもんは借金をしてはいけない」というのが、頭から離れなかったですよ。給料袋を開けてからお母さんにやったことはいっぺんもなかったです。お母さんが苦労して育ててくれたから、「お金をとるようになったから使ってください」と言って渡しよったです。

主人も養子でしたけど、ここ竹ノ内家では私たちの息子が、六十年ぶりの男の子だったそうですよ。息子が生まれたとき、へその緒が首に巻いて

あって仮死状態だったみたいです。産婆さんが来て「あら、この子は泣かんど！」って言いやったなら、お義父さんが「いけんしてん（どうにかしてでも）生き返らせっくいやいよお！（生き返らせてくださいよ）」って。産婆さんが子どもの足を上にやって、いっぱい振りやったの。そうしたらワーッて息子が泣いてなあ。それを聞いたらお義父さんはうれしくてな、踊りをしやったですよ。ほんとうよ。

今の世で一番安いもの

正徳　昔な、一番困ったのは水がなかったことですよ。坂之上地域、錦江台校区、ここは下が石、岩で掘ることができない。その頃は道具がなかで。ここの地域は「嫁さんにはやるな、水汲みに難儀するから」って言われていました。一回の水汲みに行くには二十五分から三十分、タンゴ（桶）を担いで。水汲みは晩に提灯を下げて行きおったですよ。

夜は誰もいないから早いわけ。早く行ってきれいな水を汲むには、人が

行かないうちに行かんならんから。運ぶときも波が立たないように、杉の葉か何かで「浮き」をかぶせおったですよ。私のうちには牛と馬がいて、農地は一町歩（約三千坪、一万平米）ばかりあったから、一日四、五回水汲みでした。ここの地域の人たちはほんとうに水には苦労していますよ。

馬なんかには、雨水をためて沸かしたり、餌なんかを煮詰めて食べさせたものです。今の人は一人一人水をとって、手を洗って、あとは捨てますけれども、その頃は四人が洗い終わるまではその水は捨てないで、手を洗ったものですよ。私の家には五右衛門風呂がありましたから、五、六人共同で風呂を沸かして入ったですよ。一晩おきにとか。今みたいに毎晩はシャワーなんかできなかったです。今の時代からすれば汚れた生活というか、きれいな生活ができなかった世の中でしたから。

今の世の中で一番安いものが水道ですな。一月に千五百円ですから。千五百円の水で生活をする。風呂を沸かしたり畑に水をやったり、いろいろ水を使い放題。それでそのくらいしかかからんですから。

ここの水道は昭和三十三年に完成しました。四月二十日に落成式、踊り

なんかがあった。二年近くかかったですよ。みんな奉仕作業でやった。水源地の字《あざ》は木屋宇都《きやうと》です。田んぼをつくっている方々にこちらから相談に行って、「水を引きますので、水の権限をください」とお願いして回って。その人たちの返答がなければ水道もはじまっていなかったです。市役所を通さない、この地域でつくった簡単な水道ですよ。

私が育った頃は畑も山仕事も馬でしよったですよ。木を山から出す仕事で一日に二百円ずつ。馬を持っていけば人間の倍は仕事をしますから。

薪を四十五センチの長さに切って、束にしてきびった（結んだ）やつを馬の背中に乗せて、それを谷山の和田名《わだみょう》とかに運んで。その頃はガスや電気がなかったですから、もう薪ばっかりでご飯、味噌汁、料理の熱材料にしおった。木の種類は樫《かし》とか椨《たぶ》とか、榊《さかき》、檜《ひのき》、杉ばかりでした。

馬の品評会が谷山であったんですよ。「馬耕会」と言って、谷山全部から二十人ばかり集まっていた。その競技に出たのは笠松、上床付近からは私一人。大会には三年行きました。畑の耕し方には自信がありましたよ。でも私の馬はそういうのに慣れんもんだから駄目だったです。出るからに

はやっぱり優勝せんといかんと思ったけど、結果は二等でした。

笠をさしたような松

私らが二十歳前後の頃は、若い人たちが集まる小屋を「青年小屋」と言いました。今は公民館というかっこいい名前ですが。今の笠松公民館は昭和二十三年に新築されたものです。昭和十七年か十八年の大きな台風で松が倒れたとき、公民館も壊れたんです。そのときの台風は時期外れで特別に強くて。

大人四人で手をつないで回せる太か松だったですよ。六メートルくらい円周があって、九州一と言われおったですよ。公民館に写真もあります。ほんとうに笠一本さしたようなかたちだったです。枝葉が長くて、面積も百坪ばかりだった。

私らは小学校時代、六月一日の夏祭りに棒踊りを見に行くものだった。笠松の棒踊りは、伊集院に付き合いしている「藤本」という姉妹部落から習ってきたと聞いています。それからもう百八十から九十年くらいにはなるでしょうな。

戦争で若い人たちに赤紙が来て兵隊に行ったから、踊り子さんたちがいなくなって、芸能は三十年間途切れていたんです。その棒踊りが昭和四十八年に復活してな。私はその次の昭和四十九年から四年間町内会長をしました。今は踊り手が年をとってきているもんだから、小学生たちに期待をしてるんです。

笠松の盆踊りは旧暦にしおったんですよな。満月で火がいらなかった。新暦ですると満月じゃないから暗いでしょう。昔の人はよう考えておったもんじゃと私は思いかたですよ。平成になってからは行事をするにも新暦だけになりました。

元気やらいね

畑でとれたイモなんかを農協に卸しにいきますよ。私のイモは葉をつけ

たまま吊るすから、味が濃くておいしいんです。今はトラクターとか機械だから楽ですよね。畑仕事と言っても遊びみたいな仕事。

みんなが「八十四歳になっても元気やらいね。まだよく走れるよね」って私に言うもんです。今もまだ百メートル走りますよ。五十四歳の息子がいますけど、息子は追いつかないかも（笑）。おかげさまで元気です。私は苦労して難儀してきたから、今の健康があるんじゃないかなと思う。

町内会の行事には今でもよく参加しますよ。和田坂を上がってきたところの左手に花を植えとるでしょう。あれはそれぞれの町内会がやってるんですよ。私たちのところは一番手前で、笠松と星和台《せいわだい》の町内会が世話してるんです。季節ごとに菜の花を植えたりパンジーを植えたりですね。ボランティアですよ。あそこは坂之上の入り口ですからね、きれいにするのは楽しいですよ。町内会ごとに対抗意識を持ちながら、勝負してるんです。

191　竹ノ内 正徳・アヤ子

あまり飲んでいないのに「ぬるくなったから」と、新しく飲み物を出してくれたのが印象的だった。居心地が良くて初対面なのに、二時間も長居してしまった。あっという間だった。

193　竹ノ内 正徳・アヤ子

日常が修行

鮎川 真紀

お茶屋「庵」昭和四十八年生

取材
朝沼まゆみ
岩滿要斗
武元明希香
田中涼太

学生寮

生まれ育ったのが坂之上です。お店の後ろが実家です。錦江台小学校ができたとき私は一年生でした。建物はまだプレハブで、体育館もプールもできていなかった。夏休みが明けてようやく、新校舎で授業がはじまりました。通学路の坂道は住宅地ではあったんだけれども、人通りが少なかった気がします。昔は畑や空き地、竹やぶが多かったですよ。

子どもの頃、祖母が学生寮を経営していて、母はまかないをしてたんです。十年以上やってたと思います。当時、学生寮が盛んだったんですよ。うちにも十三人くらいいて。だけど私が小学校五、六年生の頃には近くに

マンション、アパートが増えて、寮に入る子はどんどん減りました。私が大学に入った頃には二人くらいまで減ってしまって。そして一人もいなくなり、閉めることにしました。

「あ」から「ん」まで

開業して一年になります。坂之上にはお茶屋さんといったものが少なかったので、気楽に入れておしゃべりのできるお店をつくろうと思ったんです。昔からの夢でした。それに一人暮らしのお年寄りが多いので、「ときどきお店に入って、おしゃべりしたい」という声もたくさんありました。

庵というのはお寺などでそばを打ってふるまい、庭を見て楽しむ、江戸の一つの娯楽の場だったらしいです。それで休憩所の意味で「庵」と名付けました。「あ」から「ん」まで、老若男女問わず来てほしい、そんな意味も含めています。ふらっと来たお客さんが「ここに来て楽しかった」「話して楽しかった」と言ってくださるときに幸せを感じますね。

店内の装飾品は全部手づくりです。お客さんを待っているあいだに小物をつくったりしています。だから、お客さんが来ないで困るというのはなくて、来ないときでも来ないなりに楽しんでいます。

中国結び、アジアンノットと言われる結び方を勉強しています。すべて一本の紐でできています。根気が必要なんですよね。集中できるんです。日本でも神社などいろんなところで見ることはできますけれども、この結びは日本、中国、台湾、韓国辺りにしか見られない結びなんですね。

今でこそお店を持ったりして少しは自信がつきましたけど、優秀な親族ばかりいることが、ずっとコンプレックスだったんです。だから「私なんかは細々と自分の道を行くしかない」と思って生きてきました。

でも今は事故や怪我もなく、病気もなく普通に、平凡に日常を送れることに幸せを感じています。一日一日というのは、当たり前にあるのではなく奇跡だと思うのです。何事もなく過ぎることが奇跡だし、それで一週間、一ヶ月、半年、一年と過ごせればそれほどの幸せはない。平凡な日常こそが宝だと気づくにはずいぶん時間がかかりました。

とにかく最後まで

私が行者《ぎょうじゃ》として得度（僧位を得ること）したのが三十代後半なので、もう五年くらいになりますね。もともと歴史が好きで大学でも古文書などを読んでいました。博物館で働けたらいいな、と思って学芸員などいろんな資格をとったんです。だけど結局、学芸員は狭き門でした。そのうち小説を書くようになり、修験道《しゅげんどう》のことを取り入れてみたのが行者に感心を持つきっかけでした。

主人の転勤で大隅半島に住む機会があったんです。執筆の参考になれば、と思って内之浦《うちのうら》の日光修験などを訪ね歩いたんです。すると今ではほとんど修験というかたちでは残っていなくて。それで「薩摩の修験道って痕跡だけで、もう伝説なのかな」と思ったんです。

そのときにたまたま声をかけてくれた山形県の行者さんが「研究する人はいっぱいいるけど、この世界に入る人間はまずいない。あなたが行者になってはいけないの？」とおっしゃってくれて。たしかに「私みたいな

素人で興味を持っている人はいっぱいいるけど、実際になる人っていないな」って。一度きりの人生、やらずに後悔するより、やって後悔しようと決心したんです。はじめる以上、とにかく最後までやってみよう、と。

師匠が四国の石鎚山《いしづち》の神主ですので、行の本拠地は石鎚山になっていますね。以前は山形まで行っていたんですけど。いずれまた羽黒山《はぐろ》に挑戦したいなと思っています。

半俗半僧

「行者」というのは山伏ですよね。半俗半僧なので日常が修行なんです。行者には最初に通る試練があるんです。護摩《ごま》を百回焚くだけ。簡単なことです。「一日二座しよう」とだけ決めました。それと「絶対に家族の前では焚かない」「家のことはしっかりしよう」「続けよう」と思いながら百座しました。それから得度したんですけど、修法（加持祈祷）を学ぶようになってからは次第に、「どうしても印可（護摩の免許）を受けなければ」とい

う気持ちになってきました。だけどどこかで「私は平凡な主婦。そこまでする必要があるの？」と思っていて。仏さんと向き合うときは素直にならないと、そういう中途半端な気持ちではうまくいかないんですね。結局印可を得るのに二年かかりました。

子育てや家事は生活の一部になっています。よく「行者をやっていて、家事ちゃんとできているの？」と言われます。行者になるときに「行を理由に嫌なことを疎かにしたくないな。それもちゃんとやった上で護摩を焚こう」と思ったんです。そう考えながら家事をしつつ、合間に行をやってきました。時間はつくるものですよね。

朝五時に起きて修法を一座上げます。六時に朝ごはんの準備をしてお弁当をつくります。その間に洗濯機を回して、家の掃除やお店の片づけをやって、ケーキを焼いたりして、だいたい十時くらいには店が営業できる状態にしておきます。だから時間がないということはないんです。決して自分を甘やかさない、言い訳はしない。行者というのはそういう人が多いと思います。

優しい雰囲気のお茶屋のお姉さんという顔と、日々厳しい修行を乗り越えている行者さんという真逆の顔を持ち合わせている。

203 鮎川真紀

命のつながり

武 純郎（夫）くだもの処「たけ屋」昭和二十年生
律子（妻）主婦 昭和二十四年生

取材
金井 桃子
作田 海成

移ってきたのよ

純郎　前は真砂《まさご》の辺りで果物屋をしよったの。その頃はまだ近くに飛行場や動物園があったのよね。でも飛行場がなくなって、お店のあった真砂本通りが一方通行になったり、歩行者天国になったりしたもんだから、売上がガクンと減ったの。それで昭和五十三年に、坂之上に移ってきたのよ。まだ経済大学（現・鹿児島国際大学）だった頃。大学の下は雑木林で家も何もなくて、うちの棟上げのときに屋根から平川動物園が見えたんだから。

その頃は土建屋さんが、田舎からマイクロバスに労働者の人たちを乗せて連れてきよったの。それで仕事帰りに車を止めて買い物してくれていた

のね。ここに店を構えた翌年に錦江台小学校が開校して、給食の野菜と果物を納品させてもらうようになってね。

律子　当時は食料品から全部置いてありました。周りに店がなかったんですよ。今は家もスーパーも多くなってきて、状況も変わってきましたね。

来てよかった

純郎　僕は桜島で生まれて、高校を出てから十八歳で大阪に行ったんですよ。スーパーに勤めていました。その頃、憧れのお姉さんがいたのよ。その人が四国の人だったんだけど、自殺をしてしまったの。新入社員の僕なんか、そのお姉さんに頼りきってるがね。もうここでは働けんと思って、お姉さんが死んでから三日くらいしたら会社に「辞めます」と言って、親に黙って勝手に辞めてきたのよ。

鹿児島に帰る途中、友達と四国に寄ってみたのよね。愛媛は和紙をつくるところが多くてね。冬の寒い中、和紙をつくるのは大変だと思ったのを

おぼえてる。その後、福岡の友達のところに二週間ばっかいおって桜島まで帰った。帰ったらものすごく怒られたよね。結局、大阪には一年もいなかったですね。

実家は桜島でみかん農家をしよった。その頃から噴火があったもんだから、「桜島ではいつの日か農家はやっていけんくなる」と思ってね。今はハウスがあるけど、昔はそういうのはないから。収穫前に灰と雨が降れば、もう全滅よね。灰だけならいいんだけど、小雨でも降ると化学反応を起こして皮が見苦しくなるわけよ。そうしたら売り物にならないからね。

それで親父に真砂で店を出させてもらったのね。母親と果物店をはじめたのはもう五十年前の話。十年くらいおったのかな。ダイエーができた頃だったね。真砂本通りが歩行者天国にならなければ、僕は坂之上には来てなかったかもしれないね。いろいろあったけど坂之上に来て良かったと思ってる。

207　武　純郎・律子

お帰りなさい

私たちは昭和四十七年にお見合いで結婚。妻は宮崎県の延岡《のべおか》の出身。

律子　お墓参りが縁なんですよ。私の両親が都城《みやこのじょう》、この人（夫）のおばさんも都城でね。偶然にね。私は両親とお墓参りに行って、おばさんのところに行ったときにお見合いの話が出てきたの。私が二十二歳で、この人が二十六歳でしたね。

純郎　私たちの新婚旅行は友達がおったから、大阪に行ったわけ。そしたら友達との待ち合わせの時間までパチンコばっかり。それが新婚旅行の思い出でしたよね。

律子　もう、いらんこと言わんでいいから（笑）。私は旭化成で働いていました。父も叔父も姉も旭化成でしたよ。延岡の多くの人が旭化成で働いていましたよね。結婚で退社して鹿児島に来たの。

差別っていう人もあったりするけれども、やっぱり男の天職、女の天職っていうのは、時代は変わっても変わらないって思います。夫婦で一緒

にお店をしてきたんだけど、あくまでもこの仕事は「主人の天職」。やっぱり女の天職は、子育てと家族の健康を守ることや子どもの話を聞いてあげること。その合間ですることが、お父さんの収入のお手伝いだったりするなあって思ってる。

高校の弁論大会に出たことがあるの。そのときに「my future」、私の将来っていうことを発表したのね。私は「良いお母さんになりたい」「子どもが家に帰ってきたときには『お帰りなさい』と言ってあげたい」ということを言ってましたね。その信念は通すことができたかな。

純郎　うちは娘を二人も亡くしたからね、地獄を何度も見た。他に子どもたちがおらんければ立ち直れんかったかも。いろんな苦難のおかげで「これではいかん。前を向いて歩かんといかん」と言って必死で立ち上がってきたのよね。人の顔も見たくない時期がずいぶん続いていたけどね。

律子　二人の娘の命を守ってあげることができなかったのは最大の反省点。今、せめて天国で幸せになって欲しいと願って、朝夕お経を読んで供養することが、私たちの欠かすことのできない日課です。おかげで二人の娘は

いつも私たちのそばにいて、知恵と勇気を与えてくれているとわかるようになったの。苦しいことも悲しいこともいっぱいいっぱいあったけど。子どもたちもそれぞれ自立して、孫たちもできて、今が平凡な幸せかなあ。

命を大事にしてほしい

今（平成二十六年）、戦後六十九年でしょう。私たちが子どもの頃は、戦争ってついこの前の出来事だったのよね。私は今六十五歳だけど、父が話す戦争の話を、そういう感覚では聞いていなかったのよ。今になってほんと、「この前の出来事だったんだ」っていうのを感じる。

父がね、「八人船に乗って自分一人が助かって、他はみんな死んでしまった」っていう話をしてくれたときには、絵本か何かの物語を読んでくれているくらいの感覚でしか聞いていなかったのよね。そのとき父が亡くなっていれば、姉たちはいても私と弟は生まれてないわけでしょ。そうしたら子どもたちも孫たちも、誰も生まれてないのよね。何か命のつなが

りっていうのを感じますよね。

だから命があるってことは当たり前ではないってこと。大事にしていきたいし、すべての命を大事にしてほしい。今振り返って、苦しかったこと、悲しかったこと、悔しかったこと、全部無駄じゃなかったと思えるのよ。私たちにいろんなことを学ぶ機会を与えてくれたんだろうなって。お世話になった皆さんに、お礼を言いたいですよね。

地
新

家族で出かけたときの写真を見せてもらいながら、「今度はディズニーランドに行くの〜!」とうれしそうに話す姿を見たときは私までうれしくなりました。私も家族や親戚とどこかに出かけたいな。

孫の少年団の応援や趣味の魚釣り、家族旅行の予定などを話してくれ、今を楽しく暮らすご夫婦の姿が印象的で、家族っていいなと思いました。

坂の上のピアニスト

新屋 満規

ピアニスト 昭和五十年生

取材
大迫 辰嘉
松永 勇貴

ピアノ漬けの日々

三、四歳の頃にはピアノをはじめていました。最初は親に習わされていたんですけど、気づいたら自分でも好きになっていて、小学校の卒業文集に「将来はピアニストになる」と書いていました。

高校の頃には進路をピアノにしようと思っていましたから、みんなが勉強している中、一人だけピアノ漬けの毎日。だから高校生活にあまり思い出がないんです。大学は福岡教育大学の音楽科専攻。教員免許をとらなくても専門的に音楽を勉強ができるというコースがあって選びました。そこでクラシックピアノを勉強していました。

あー、これだ!

当時休みになると東京のピアノの師匠宅に、二週間くらい滞在していました。すごく素敵な先生だったんですけれど、練習以外も、朝起きてから夜寝るまでひたすらクラシック。逃げ場がないんです。それが途中できつくなってきて。「ずっとクラシックを続けていけるのかな」っていう思いが自分の中に出てきたんですね。それで悩んでいたとき、大学の先輩に連れていってもらったジャズバーで演奏を聞いた瞬間、「あー、これだ!」と。ちょうど喫茶店でジャズを演奏する人がいないというので、「じゃあぼくがやります」と言ったのがジャズと関わるようになった最初です。

ジャズをはじめた頃、「ある程度は弾けるだろう」と思っていたんですけれど、すごく難しくて。でもアドリブを練習したり、コードをおぼえたり、ドラムやギターと合わせたりというのがすごく新鮮でしたね。特にソロピアノよりもボーカルとのデュオにはまっていきましたね。

大学に通いながら音楽の仕事をはじめました。ジャズ以外にもいろんな

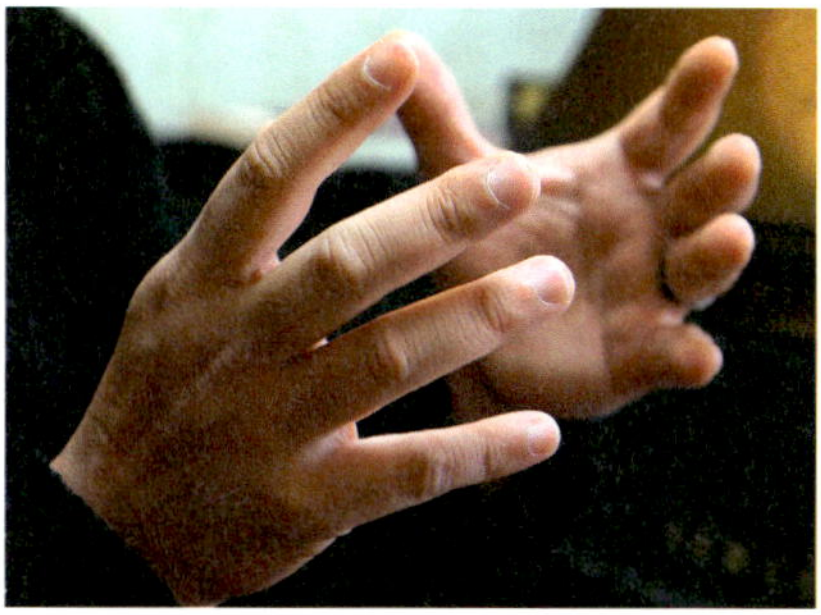

音楽、ロックンロールやボサノヴァ、ファンクのバンドでもやりました。その中でフュージョン的な人たちともよく一緒に演奏をしていました。

僕はジャズピアニストの中でもチック・コリア（Chick Corea）が大好きなんです。フュージョンの感じの中にジャズのフレームがあるところが。今でも演奏会で毎回演奏するのが「スペイン（Spain）」という曲です。

卒業後、いろんなお店でピアノを弾いていたんですけど、一番よく出ていたお店が突然閉まることになってしまったんです。次の日から収入がなくなったので、バイトを三つ掛け持ちするようになりました。学生時代から続けていたパスタ屋とインテリア雑貨、そしてボーリング場のバイトをやりながら音楽の仕事もやっていたので、三ヶ月くらいは一日一時間寝れるか寝れないかという生活。

そうしたら車で大きな事故を二回、立て続けに起こしてしまったんです。それを契機に「これは生活を立て直さんといかんな」って思って鹿児島に帰ってきたんですよね。そのときは悔しかったですよ。二十七歳でした。

ゴスペルとの出会い

鹿児島に帰ってイベント会社で五年ほど働きました。そこを辞めて音楽の道に戻ろうとしているときに、クワイヤ（聖歌隊）を複数抱えていた先生から伴奏を頼まれて、伴奏者として入ったんです。それがゴスペルと関わるきっかけですね。

しばらくして鹿児島で、アメリカから来たハーレム・ゴスペル・クワイヤ（Harlem Gospel Choir）を聞く機会がありました。そこで「トータル・プレイズ（Total Praise）」っていう曲を聞いたとき、思わず泣いてしまったんです。それまでクラシックとかジャズで泣いたことはありませんでした。

ゴスペルに関わりだして八年目です。四年前に先生が亡くなってからは伴奏だけでなく指導の側に立つようになりました。

ゴスペルはスピリチュアル（黒人霊歌）のときからの派生の曲なので、昔の奴隷制度からの解放っていう願いが受け継がれている。だから希望にあふれて前向きな曲がほとんどなので、歌い終わったあと、みんながすごく

いい表情になるんですよ。それがすごくいいなあと思いますね。当時の黒人の思いや背景をわかるように勉強しておかないと、「ゴスペルをやる意味がないな、ただ音楽だけ追ってしまうことになる」と思っています。

僕が教えたり関わったりしているゴスペルのクワイヤが五団体ほどあります。坂之上ではガヤさん（「Gaya coffee」）でジャズピアノの演奏会を開いたり、クワイヤをつくったりしています。妻とは、僕が伴奏をしているグループに習いに来ていた縁で知り合って、五年前に結婚しました。僕の子どもがレッスン中に部屋に来ることがあるんですけど、二歳なのにゴスペルを歌うんですよね。

演奏は自分の声をそのまま手で再現するっていう感じです。歌いながら手に写すというか、手で歌う。生徒にも「弾くんじゃないよ、歌うんだよ」って教えています。歌いながら弾かないと躍動感とか出てこないので。

ひたすら練習ですよね。ライブ以外のときはずっと練習。本番前になると八時間とか十時間ということもあります。演奏するときはそれが見えないようにしなきゃいけない。だから「楽しそうに弾いていていますね」って言

われるとうれしい。逆に僕はプロだからそう見せなきゃいけない。

大きな力が生まれてくる

人と人のつながりを大事にするということが僕の信念です。ゴスペルを教えるようになって、その思いは強くなった気がします。グループによってはとても大人数で、それがすごく大きな力になったりするんですね。この前、東京で千人で歌うゴスペルのレコーディングに参加しましたが、まさにそういった力の生まれる瞬間を実感しました。

仲間ともよく話をしていますが、鹿児島でプロを目指す人のほとんどが若いうちに東京やアメリカに行っちゃって帰ってこないから、良い人材が残らないんです。だから鹿児島のレベルを底上げしていきたいですね。ジャズでもゴスペルでも裾野を広げて、もっとたくさんの人に楽しんでもらいたい。次の世代に伝えていきたいと思いますね。

演奏を聞いてくれるお客さんのために、日々努力を惜しまず練習している新屋さん。こういうコツコツとした積み重ねこそがプロなんだな、と感じました。

厳しく追及、自分の失敗

小田健二郎

農業・障害者支援　昭和十八年生

取材　岩满要斗
川畑龍馬

祖父と父と

小田家の歴史というのは祖父、小田與左衛門《よざえもん》からはじまっています。代々、川辺郡《かわなべ》（現・南さつま市）大浦町永田で農業に従事していました。與左衛門は二代目農協長として赤字解消に尽力したそうです。

與左衛門は体格が良くて頭も良かったらしい。隣に住んでいる兄夫婦が喧嘩をしたときは、わざわざ弟の與左衛門を呼んできたそうです。そうすると横に座っているだけで喧嘩が治まったというぐらい人望があった。うちの父、小田三雄は與左衛門を尊敬していたね。自分の頭が禿げても、「與左衛門に似てきた」と言って喜ぶくらいでしたから。よく「自分は與

左衛門の息子で世界一幸せ」と言っていました。

父は教員をしていました。生徒の自発性を引き出す教育で、卒業生たちからの評価は良いようですよ。父は優しかったけど、一度だけこっぴどく叱られたのをおぼえています。小学校五年生だったかな。それから私は勉強にせよなんにせよ魂が入ったんですよね。

父が坂之上で土地を探して、昭和四十五年に家族で引っ越してきました。最初は別府前部落に住んでいましたけど、今の場所（鹿児島国際大学の前）に新しく家を建てて移ってきた。それが僕が大学を卒業して教員になるときでしたから、二十二歳のときです。

もともとここの土地を持っていた人が大学にも、うちにも土地を売ったようです。大学の八号館の辺りは最初親父が買っていた土地で、家のあるこの場所は大学が持っていました。大学に隣接している土地だったから、大学とうちで交換したそうですよ。

涙が出るような感動

十年前に、鹿児島南高校を最後に教員を辞めてからは「難儀な教員をしたあとは、ゆっくりせんこて（しないと）」と思っていました。毎日日曜日みたいで幸せでしたけど、どうも元気が出なかった。楽しく元気よくやるには、体調を整えなければいけないのね。そしてチャレンジする。この気持ちがないと、即、老人になってしまう。一に健康、二に使命、三にお金。これが僕のモットーです。

何か身体を動かそうと思い、はじめはシルバー人材の仕事をしていました。今は三日に一回、泊まりがけで障害者の青年ケアのアルバイトに行っています。仕事はお風呂を沸かして、入浴のケアをしてから調理。就寝時間が十時だから、みんなが無事に寝るのを見届けてから自分も仮眠。

施設には発達障害の子が十五人います。ダウン症、自閉症、注意欠陥多動性障害、学習障害など。夜中はその十五人を一人で守っている。最初は不安で過敏性膀胱炎になったこともありましたよ。でも今はなんともな

い。すごく楽しいし、涙が出るような感動がある。三日に一回の仕事だから、生活にメリハリがでる。刺激になっていいですね。少しも苦にならんね。教員の頃もそうだったけど、人の世話をするということは自分が学ぶということなのだと、改めて実感しています。

二、三年前まで僕の生き方というのは「笑って許そう自分の失敗、厳しく追及他人の失敗」だった。人の欠点はすぐ気づいて、自分の欠点にはなかなか気づかなかった。でも今は「笑って許そう他人の失敗、厳しく追及自分の失敗」に変えたんですよ。例えば仕事で発達障害の子に注意しようとするでしょ。でもやめるんですよ。自分も似ているから。まずは自分を正さないといけないよね。

今が一番幸せ

大学の下の藪だったところを開墾して畑にしました。畑は三つやっていて、トマト、タマネギ、コマツナ、ナスビ、ダイコンなど、だいたい二十

種類くらい植えてます。つくった野菜を息子に送るんですよ。いつも喜んでくれて、「野菜が高いときにありがとう」とメールがくる。半分以上は人にあげますよ。野菜は正直ですね。こちらが努力をして工夫したら立派なものができて、手を抜いたら野菜も手を抜く。それが面白いですね。

もう七十歳を超えましたけど、家内が「あなたは百八十度変わったね」って言うんです。これまでは何もしなかったけど、洗濯はするし、朝ご飯はつくるし、野菜も積極的につくるし。理由はね、いずれはどちらか一人になる。「一人で生きていかんないかん」ということで、自分でできるだけ、なんもかんもしだしたんです。

生きてきた中で今が一番幸せですね。なぜ一番幸せかちゅうと、自分で使えるお金が少しだけど自由にある、それから時間が自由にある。拘束されない。自分のライフスタイルで生きられる。でも大事なことは「生かされていてありがたい」っていう感謝の気持ちを持つことでしょうね。その気持ちがあるだけで人は幸せになれる気がしますよね。

定年退職してからも、使命感を持って毎日を充実させている小田さん。充実しているからこそ、毎日が楽しいんだろうな。私の使命ってなんなんだろう。

現在興味のあることとして、パソコン上で世界と囲碁の対戦をしていること、自炊していることなどをお聞きし、その行動力にも、あふれる好奇心にも若々しさを感じました。

注意

造園の感性

間世田 吉宣

桂造園　昭和四十五年生

取材
金井桃子
川畑龍馬

俗っぽい手入れをしたらいかんでぇ

桂造園は昭和四十一年、父によって創業されました。父は植物が好きで高校の園芸科に学んでいました。そこで京都の花豊造園さんとご縁をつないでいただき、丁稚奉公に行ったそうです。鹿児島から京都の造園屋さんに行ったのは父が初めてだったみたいです。

父が鹿児島に帰る前、最後に手がけさせていただいたお庭が桂離宮という京都の名園だったようです。そこで番頭さんから「ここで学んだことを鹿児島へ帰っても忘れるなよ」と言われ、「桂」という屋号をもらったと聞いています。また、桂という木の樹形も好きだったようですね。

大学卒業後一年は桂造園に就職していました。ですが公共事業が多かったこともあり、本来の庭師さんの「職人の世界」というのを実際に見てみたい、という思いがふつふつとわいてきたんです。それで京都の老舗、小林造園さんに三年半修行に行ってきました。行って正解でしたね。全国から造園が好きな方が集まっていますし、そこで競争もあります。周囲にも文化財とか寺社仏閣が多く、刺激を受けたのが良かったですね。

浄土宗の本山の知恩院《ちおんいん》さんや東寺さん、大徳寺さんなどに庭師として出入りさせていただいていました。どのお寺にも何百年と続く歴史がある中で、たまたま僕らが一時的に管理をさせていただき、それをまた次につないでいく。庭師にはそういう役目があるんだなと実感しました。

例えば「今切らせていただいている椿は豊臣秀吉が植えたんだよな」と思いながら作業するんですね。円通寺の住職に「兄ちゃん、ここはお寺なんやから俗っぽい手入れをしたらいかんでえ」って注意をされたり。自分では「俗っぽい手入れかあ。どういう違いで手入れをしていったらいいんだろう」って、答えを出せずに悩みながらやっていましたね。

美しさの物差し

社長である父も、二代目の私も京都で修行をしましたけど、一番大事なことは京都をそのまま参考にするのではなく、常緑樹と落葉樹のバランスですとか、鹿児島の環境に適応した植物を選択することだと思うんです。例えば宮城県仙台のけやき通りはすごくきれいです。東北とケヤキっていうのは気候もすごく合っている。だから鹿児島でもやろうっていう話もあるんですけれど、ケヤキは鹿児島に合いにくい。虫がつき、葉が茂り過ぎてしまう。地下の根の状態と地上の茂り具合が合わなくて、木がストレスを感じて枝枯れをしてしまう、ということがあります。

父のつくりあげた桂造園の社風の中でやっていますので、父と私でそんなに美しさの物差しや価値観、庭に対するコンセプトに誤差はないと思います。何十年前でも同じようなお仕事が来たら、同じようにつくっていたと思いますすね。そしてこれからも多分、同じ感じでやっていくんだろうなと思います。

庭は調和ですよ

うちの作庭は、コケやグランドカバーの地被類などで全部緑で覆われている、というのが一つの特徴ですね。自然の姿が生きるよう、シンプルな庭をつくることが多いです。

植物は自然の流れ、大自然のリズムに順応して育っています。植物は環境に適応しながら勢力を広げたり、衰退したりしていきますので、あとは植物任せです。土壌改良、土づくりという最初のインフラはこちらで用意しますけど、それ以降は自然の中でストーリーがそれぞれ生まれていくという感じですね。人間がわがままで取捨選択してしまったら流れが変わってくるんです。庭は調和ですよ。石があったり木があったり、いろんな種類が混ぜ合わさって空間をつくっています。造園の感性がありますよね。

環境を整えた中に植物を植えていくことで、地面全体が緑の空間になっていきます。木々など地上で茂っていくものと、地表近くで緑を保っていくものと、それぞれ役目があるんです。

例えばオガタマや榊《さかき》という木は邪気を払って、場を浄化するという役目を持っているそうです。梅や竹にも気を整える作用があるらしいです。松は地力を大気に出す役目。そういういろんな役目を木が持っているので、木を選別しながらそれぞれのお屋敷が繁栄していくようにしますね。

まったく性格の合わない木があったとしても、別の植物が間に入ってクッションになることで息が合う、ということもあります。人間と一緒ですよね。そういう植物の持っている役割というものを、仕事を通して伝えていけたらと思っています。

作庭にあたって、最初から自分のイメージをあまり強く持っていないほうがいいんです。「こんな雰囲気でいこう」というくらいでないと。あとは現場で合わせてやったほうが、期待以上のものが返ってきます。

ただきれいな空間をつくろうというだけでは、良い空間はできないんですよね。植物やその場所に心を寄せることが大切です。庭師として空間をつくるということは、僕らが植物のお手伝いをしてあげる、少し場所を動かしてあげる、というくらいのスタンスでないといけないと思います。あ

まり職人は表に出てこないで素材がモノを言う、というのがほんとうの上手な庭師だと思いますね。

地域のためにできること

鹿児島銀行さんを中心とした経友会（坂之上を中心とした七、八十社の企業が所属）という団体があります。鹿児島国際大学の前に桜並木がありますよね。あれは「まちづくり」の一つとして経友会の主催で植樹したものです。

そこには以前ユーカリが植えられていました。平川動物園にコアラが来た際に、歓迎の意味で地域の学校や施設に植えられていたものです。ですがシロアリの巣になっている箇所もあったり、鹿児島にはあまり馴染まなかったので、桜に替えることになりました。「景色をみんなでつくっていこう」というコンセプトで、われわれプロと学生、大学の職員、経友会の方みんなで、年間に五十本ずつ五年かけて木を植えました。

それぞれの業種で、例えば僕は造園業という仕事を活かして桜を調達す

るなど、地域のためにできることをやっていました。

いつも定例会議をやっていたのですが、そのあとの居酒屋でけっこう盛り上がるんです。そういう「飲ミュニケーション」が良かったですね。何かのきっかけがあって、それでつながったりすれば、きっとまたいいアイディアが出てくるし、行動しようという人も出てくると思います。

心が安らぐ空間を

仕事を通じて人間的に成長することを目標にしています。畏敬親愛の念がないと、目に見えるものだけで判断してしまったら生き方を間違えると思うんです。庭師という仕事だけでなく、お客様とのつながりもそうなんです。お客様にご縁をいただいたり、人と人とのつながりでお仕事をさせていただいたりして、学ばせてもらっています。その繰り返しですね。

会社組織にしていますので雇用を安定させるためにも、公園や街路樹といった官公庁の仕事、企業や個人様の緑の空間づくりや剪定などの管理、

石積みや池工事、また建築に付随する左官仕事、ときには樹齢数百年にもなる御神木の移植といった特殊な仕事、最近では屋上や壁面の緑化など、様々なご縁の中で仕事をさせていただいています。造園というのはすごく幅広いものだと思いますよ。

緑の空間というのは大なり小なり、みんなに好まれる空間だと思っています。日常生活で緑の中に入ると身体が浄化されて、大地からエネルギーをいただくという感覚を、人間は潜在的に持つと思うんです。そのような役割を持った空間が、住環境からだんだん少なくなってきていると思います。ほんとうに心が安らぐ空間を、大きいスケールでつくっていきたいですね。例えば坂之上地区全体で、というような。そういうプロジェクトができたらいいなと思います。

その一つとして平成三十年オープンを予定して整備している山があります。もともと流れる川などを利用して、自然を感じていただける空間をつくっています。この取り組みは父の長年の夢なんです。お庭が前面に出てくるような空間の提案を、お見せできると思っています。

お庭を案内していただいているときの表情が輝いて見えました。身振り手振りでお話をされていて、仕事に対する熱い思いが伝わってきました。

桂造園のお庭の樹々や草花は、なぜか輝いて見えた気がした。愛情がこもっているからかな。

地域に愛されるお店に

有村 明美

レストラン ニコラ 昭和三十二年生

取材
朝沼まゆみ
武元明希香
田中涼太

ニコラの味

私がOLをしていた頃、主人の経営するレストランに通うようになって知り合いました。主人は調理の道を志して県外各地で修行後、二十七歳で鹿児島に帰ってきました。洋食レストランでチーフとして三年働いて、三十歳のときに「洋食の店ニコラ」を谷山で立ち上げたんです。谷山で十二年ほど営業しましたけど、場所を今の影原《かげはら》に移して、名前を「レストランニコラ」としてオープンしました。谷山で十二年、影原で二十三年、合わせて三十五年やってきています。

主人の実家は谷山の慈眼寺《じげんじ》で、私は古屋敷部落です。子どもがいたので

二人の実家に近いところにしようと思って影原に移りました。

昼間の人気メニューは日替わり定食。デミグラスソースや他のソース、ドレッシングもすべて主人の手づくりです。そうすることでお客様に「ニコラの味だ」と思っていただけると思いますから。オープン当初から変わらずやっている、アルミホイルの包み焼き料理も人気です。板も鉄板も三十五年間同じものを使っています。

双子の息子がいますけれども、跡を継ぐことはないだろうと思っていました。でも長男が「自分が継ぎたい」と言って、今年（平成二十六年）大学を卒業して東京から帰ってきまして、四月からお店に入っているんです。

大変でしたねえ

この影原で四人の子どもを育てました。一番上の女の子が小学校三年生、下の女の子が小学校一年生、そして双子の男の子がまだ八ヶ月のときにここをオープンしたもんですから、子育てとレストラン経営を両立するのが

大変でしたね。昼も夜も営業していたので休みがなかったんですよ。

一階のレストランで仕込みや経理の仕事などをしながら、二階の自宅に上がると四人の子どもたち、そのうち二人は赤ちゃんですから、家事もハンパな量じゃなかった。一時たりとも、それこそ続けて三十分ってテレビを見たこともなかったですよ。仕事が終わるのが夜の十時ですから、その間にご飯を食べさせて寝かしつけて、洗濯物の山をたたまなきゃいけないでしょう、学校の準備があるでしょう、赤ちゃんがいるから夜中に起きておっぱいもやらなきゃいけないでしょう……。その頃はレストランも今の三倍も四倍も忙しかったですから。朝も大変でしたねえ（笑）。

小中学生の子どもを持つと、あいご会（町内会の子どものための組織）だったり学校の役員だったり、いろんな役も当番も回ってくるんですが、そういったことをこなしながらレストラン経営をしているとメリットもあります。お弁当の注文をいただいたり、食事会に使っていただいたり。やはり地域の人たちに愛されるお店にならないと、商売はやっていけないですからね。そういうかたちで地域の方々とは関わってきています。

楽しかった思い出

父は戦争から帰ってくると大工になって、私と弟の二人姉弟を育ててくれました。この周辺の地域の家の多くを棟梁として建てていました。母はパートをしながら農業をしていました。私もカライモの収穫時期は蔓払いをしたり、鍬《くわ》で掘り起こしたりしていました。昔は水田を持っていましたので、稲刈りをした思い出もあります。中学校二年生の頃に産業道路ができたので、家の前にあった水田は全部埋められてしまいました。

埋め立てられる前は、実家からトコトコっと歩いて行けるところが「白浜」という浜だったんです。「浜部落」と言ってですね、結束がすごく強かったですよね。草野の部落には浜を伝ってよく遊びに行きました。満潮のときは通れないですけれども、干潮のときは行けるんですよ。

昔の公民館には「ウッチャガネ」というのがありました。カーンカーンって鳴らす鐘。その鐘を一回鳴らすとあいご会、二回鳴らすと婦人会というような合図になっていたんです。公民館の庭に土俵がつくってあって、

十五夜のときには相撲大会がありました。家では縁側にお供えをするもんでしたね。ショケ（ざる）に団子とサトイモの親芋と小芋をつけて、カライモの新物をお供えして、ススキなんかの秋の草を焼酎の一升瓶にさして。

楽しかった思い出に部落対抗の運動会があります。この辺の古屋敷、影原、野頭《のがしら》、光山が参加して、応援にもみんな力が入ってですね。お弁当もおばあちゃんたちが籠に入れて天秤棒で担いで持って来て。部落ごとに敷物を敷いてそこで食べて、というのがすごく懐かしいですね。昔は影原のことを「カッガイ」、野頭のことを「ノガシタ」って呼んでいましたけど、今の若い人はあまり言わないですね。

昔はなんでも旧暦でしたよね。八月のお盆前になると縁側に、先祖の方たちみんなの分のお着物を色紙でつくって棒にかけていました。親は「ご先祖さまがお盆で帰ってこられたときに、その服を縁側で着て入ってくるために」と言っていましたね。今はしなくなりましたけど。男の人たち、おじいちゃんたちは青色で、早くに亡くなったお姉さんたちはきれいなピンク色で。うちは先祖が多かったのでたくさんつくっていましたよ。

レストラン経営をしながら子どもを四人も育て上げた「強い」お母さん。ランチ、ごちそうさまでした！

251 有村明美

お仏壇屋さん

湯田雄一

結喜仏壇　昭和三十一年生

取材
岩下知美
岩満要斗
遠山友理

寺社仏閣の世界が好き

　生まれは鹿児島市の天文館の近くです。高校を出てから大阪に七年近くいました。二十四歳で鹿児島に帰ってきてから、同級生の縁で仏壇屋さんに入りました。はじめはなんでも良いから仕事をしようという感じでしたけど、それからずっと仏壇の世界にいます。

　子どもの頃から寺院とか日光東照宮の陽明門の写真なんかがすごく好きでしたし、大阪にいた頃も少し時間があると、奈良や京都でお寺や仏像を見ていました。もともと寺社仏閣の世界が好きなんだと思います。

　二十八年前に坂之上に引っ越してきました。当時勤めていた仏壇屋さん

は天文館の辺りでしたが、仏壇の製造をしている川辺《かわなべ》まで頻繁に行き来していたんです。往復が大変ということもあったので、中間地点にある坂之上に家を建てました。十九年ほど勤めた会社でしたが、社長の代が替わり方向性も変わることになりました。「この仕事に対する私の思いとは違うな」と思ったので、十六年前に「やれるところまでやってみよう」と独立しました。四十三歳でしたね。

三途の川で見た大黒様たち

八年前に同級生から「実家のものを処分しているので、仏壇を自宅へ運んでくれないだろうか」って連絡があってお手伝いしたんですね。そのときお礼に鋳物の大黒様の仏像をいただいて、お店に置いておいたんです。

その一週間後に急性大動脈解離という病気で倒れたんです。手術の際に幻覚で「三途の川」らしきものを見ちゃったんです。川の向こう側の薄暗い祠《ほこら》の中で、黒い影が手を合わせていました。そして川の手前を見ると

大黒様たちがキンキラキンに輝いて踊っているんです。ふと「あっち側に行ったら死んじゃう」と思いました。あとで医師に「この病気は発症して一時間以内に九三％の人が亡くなる」と言われたときはゾッとしましたね。

二、三ヶ月後にお店に復帰したんですが、同級生からいただいた大黒様が目に入って、「あー、あのとき見たのはこの人たちだ」と思ったんですよ。それで職人さんに頼んで金色にしてもらいました。

宗教の末端に仕える

十六歳のときに父親が亡くなりました。六畳一間で五人暮らしをする中、母がなけなしの金で小さな仏壇を買ってきたんです。どこにそんなお金があったのだろうと思いましたよ。我が家にとっては決して安い買い物ではありませんでした。私が仏壇屋で働くようになってから、改めてその仏壇を見てみましたら「なんじゃこりゃ」と苛立ちをおぼえました。材料があまりにもひどいものでした。言葉は悪いですけれども、「素人にはわから

Sports oriented since 1888

ない」を前提に製造、販売しているように見受けられました。

お客様方は亡くなった故人や先祖を思ってお買い求めになりますし、安くはない仏壇を購入するのはそこに「心」があるからではないでしょうか。仏壇屋さんというのは宗教の末端に仕えるものとして、一番忘れてはいけないのがその「心」なんじゃないかなと思いますね。

私はお客様に国産か外国産か、産地、材料、工法、そして価格の根拠などきちんと説明して、ご理解いただいた上で選んでいただけるようお薦めしています。私は三十年経っても五十年経っても使い続けられる、ほんとうに良いものを売っていきたい。割高にはなっても、お客様の予算の中で最善のものを販売しているつもりです。

仏壇というのは「しょっちゅうお寺に行けないので、お寺の代わりになるものを家に置いて参る」ためにあるんですよね。だからできるだけお寺に近いものをつくろうとすると、緻密なものになってくる。材料が一緒であれば、大きくなればなるほど緻密さも増し、当然金額も上がってきます。

鹿児島では島津による真宗の弾圧っていうのがありましたから、隠れて拝

む習慣になっていましたので、小さく簡素なものが多かったようです。高度経済成長期からバブル期にかけて鹿児島でも徐々に大きくて豪華なものをつくるようになってきたようですが、合理化された材料や製造工程でつくられた仏壇のほうが多いんです。

ほんとうの手仕事の仏壇というのは、一、二ヶ月でできるものではありません。金仏壇づくりっていうのは分業です。木地をつくり、下地を塗り、中塗りをして、漆を塗る、彫刻師、宮殿師、金具師、蒔絵《まき》師、仕上げ師、全部分業で手作業というのが本来です。

川辺にそれぞれ専属の職人さんがいますので、こちらから材料、仕様を伝えてやってもらっています。金箔を貼るところまでは職人さんにお願いし、最後の組み立てと販売は自分でやる、というのが私のやり方です。

相変わらずええ声しててんな

下手なギターを弾いてるときに幸せを感じるんです。フォークソングな

んですけれども、ときどき無理してサイモン&ガーファンクルを真似してみたり、井上陽水、吉田拓郎、中島みゆきとかを弾いています。

大阪にいた頃バンドをやっていたんですよ。高校の頃からギターを少しやっていたんですけど、「お前はギター下手だから、ボーカルやれ」って言われてボーカルを。二十二歳の頃ですね。

それでこの前、三十三年ぶりに当時のメンバーに会うことができて。居酒屋で呑んでからリーダーの家に行ってね。「ちょっと弾け」って言うもんだから弾いたら、「いつの間にそんなにうまくなったんだ」って言われて。「三十三年かかったんだよ（笑）」って答えて。「うまくなったね」と言われたらお世辞でもうれしいよね。

彼らも途切れずに音楽やってるみたいです。それから彼らがつくった「唱歌メドレー」を歌詞を見ながら歌ったら、「相変わらずええ声してんな、顔見えんほうがええわ」って関西弁で言われてね。鹿児島に帰ってきた頃は年賀状とかやり取りしてたんだけど、途絶えてしまって。最近になってまた、連絡が取れたんですね。

子どもたちとハイタッチ

年に一回、福平小学校に「ふるさと先生」として「仕事とは何ぞや」ということを話しています。仏壇って「安い国産」を買うよりは、「安い輸入物」を買ったほうがいい場合も多いんですね。国産のもので樹脂を使っているところが、輸入物だったら全部木彫だったりしますから。だから「輸入物の木彫りにしますか、それとも国産のプラスチックにしますか」っていう話になってくる。そういう仕事の話から、「肌の色が違おうが、国籍が違おうが、この人はどういう人か中身を見ようよ」という話にもっていきたいんです。「中身、材料を見ましょう」って。

あと「自分が先祖から命を受け継いで生きていることを忘れないようにしましょう」という話もします。そして結論としては「仕事とは利益を第一に考えるのではなく、誰かに感謝されてほんとうの仕事。そこからいくらかの報酬を得て、生活の糧となるもの」と伝えていますね。

独立してから通学保護員も十六年やっているんです。これだけ長くやっ

ているとと、やりはじめたときに小学校五、六年生くらいだった子が、今お母さんになってたりするんですよ。

交通安全を指導しながら、子どもたちとハイタッチをするのが楽しいです。この前も雨が降って寒いときに、中学生の女の子が「おじちゃん大丈夫？」って声をかけてくれましたけど、そう言ってもらえるのがすごくうれしいですね。倒れたときにも多くの子どもたちから「早く元気になって帰ってきて」って手紙をもらったり、復帰して立ったときに「復活おめでとうございます」と走りながら言ってくれたり。涙が出ますよ。

倒れて考え方が変わったと思うのは、「普通であることは幸せなんだ。その普通な日常が明日なくなってもおかしくはない。だから今日一日をどうやって生きるのか」と考えるようになったことですね。以前は他に対してイライラすることも多かったですが、少しは他者の価値観を認められるようになったつもりでいます。

子どもたちとハイタッチをしているという話を聞くと湯田さんの優しさを感じただけでなく、私まで優しい気持ちになれました。こんな交通安全のおじちゃんがいてうらやましいです。

人とつながる雑貨屋さん

園田 陽子

ハンドメイド じゅえるむ　昭和五十八年生

取材
野添隆太
波戸上陽平

出会いはどこに落ちてるかわからない

私の地元は伊集院《いじゅういん》です。坂之上出身の主人と出会ったのが七年前。当時私が働いていたエステサロンの営業を兼ねて、鹿児島国際大学の大学祭に行ったんです。友達と広場の前の階段に座っていたら、野菜が入った箱を持った主人がたまたま話しかけてきて。第一声が「ホウレンソウいらない?」って。そのとき「私、この人と結婚する」って、瞬間的に思ったんです。出会いはどこに落ちてるかわからないよね。

自然と一緒に暮らし始めて、一年半くらいして「結婚しよう」ってなりました。坂之上はいい出会いの場だね(笑)。結婚してアパートにしばらく

住んでたんだけど、「家を建てよう。しかも山の上の高いところに」ってなって、ここ坂之上に引っ越してきました。

過程を大事にしたい

二〇一一年二月八日の「針供養の日」に開業しました。ハンドメイドのお店で、小物からお洋服の裾上げ、リメイク、修理まで、基本なんにでも対応します。お店の名前はジュエリーとルームの造語で「じゅえるむ」。商品には、主人の「ENDA」っていうあだ名と私の名前、陽子の頭文字「Y」をくっつけた「ENDY」のタグをつけています。

私は工業高校でデザインや設計を勉強していました。この家を建てるときも、大工さんに混じって設計を考えたり意見したりしていました。作業場の棚もだいたいは自分でつくったんです。小学校のとき文集に「雑貨屋さんをやりたい」って書いていました。その頃から暇さえあれば洋服のリメイクとかしていたから、もともと雑貨とかものづくりが好きなんでしょうね。

全部独学とアレンジでやっています。頭の中で立体的にイメージしてつくる感じです。お客さんと何回も打ち合わせを重ねて、図面を書いて制作に入ります。デザインもパソコンを使わずに、手書きでしているので時間がかかってしまう。でも制作の過程を一番大事にしたいから、かかった時間ではなく内容分だけでお金をいただくことにしています。「持ち込み割り」っていうのをやっていて、持ってくる人は生地だけでなく針や糸まで持ってきます。だから逆の言い方をすると「私が布を買いに行く暇がつくれないから、代わりに買ってきて（笑）」っていう話。そうするとお客様も、「自分でつくった気分がした」って言ってくれる。

力を入れている商品はオリジナルの祝儀袋。自分たちが式を挙げたとき、あっという間に終わっちゃった印象があったんです。でも気持ちのこもった祝儀袋があったら、お祝いの気持ちも、もらった喜びも続くかなと思ってつくっています。ふらっと訪れた男性が買ってくれることもあったり、うちではイチオシですよ。

きっかけづくり

月に一回「パン祭り」を開催しています。パンは自分で生地をこねて、焼いて持って帰ります。一人十二個ぐらいつくるからすごい量になります。参加者は一番多かったときで十四人。ご近所さんだったりママ友とか、その友達みたいな感じ。

パンは牛乳とバターと卵を使わない生地をメインに、三十種類ぐらいつくってる。生地に米糠《ぬか》を使うこともあります。玄米を精米したときに捨てる部分だけど、栄養素は白米が五％なのに対して、米糠は九五％っていうぐらいで、女性にとってうれしいものがいっぱい入っている。私は健康オタクなところがあるので詳しいですよ（笑）。

他には、自分で好きなお洋服や雑貨がどんどんつくれるように、縫い方とか修理の仕方の技術を教える教室もやっています。こういう集まりが、うちに来るきっかけづくりになったらいいなと思っています。

身近な存在に

いろんなものをつくるけれども、でき上がったものは次の材料、と思うようにしています。着古したシャツを材料にして、子ども用につくり直したりとすると愛着ができますよね。そういう感覚をすごく大事にしたい。必要なものは自分でつくる、足るを知る、そういう生き方がしたい。

便利な中で暮らしているということもあって、なかなか感じにくいですけど「生活」とか「生きる」ということを、ちゃんと考えないといけないと思っています。最近災害も多いし、子どもを産んでからそういったことを、より強く思うようになりました。私は販売をしていくことをメインにしたお店より、ものをつくることを大事にする、人とつながる雑貨屋さんが理想です。この仕事を通して、「近くにいて良かったな」って思われるような人でありたいです。

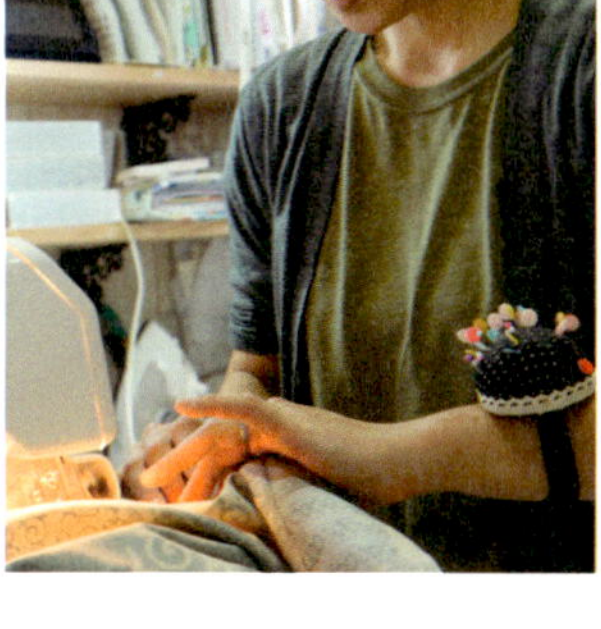

納期の迫る忙しい中、制作をしながら話をしてくれた。だが話に熱中して手が止まってしまっていることもしばしば。申し訳なく思った。

人生は木材関係のことばかり

伊地知一郎（夫）材木屋　昭和七年生
洋子（妻）美容師　昭和十三年生

取材
作田海成
水流良太郎
中村優太

タケノコ暮らし

一郎　中学校二年のとき、満州から引き揚げてきたの。向こうでは親が生活必需品株式会社という貿易会社に勤めとって、食料を日本から持って行って売っちょった。だから私なんか戦争中、「カライモやムギばかりだった」とかそういうことはなくて、白米だったし倉庫に行けば砂糖もスコップですくって持ってくるくらいでしたから。贅沢《ぜいたく》な暮らしでしたよね。

終戦直前は牡丹江《ぼたんこう》におったけど、「危ない」という情報が入ってすぐ大連《だいれん》に行ったから良かったのよね。大連の郊外に社宅みたいなのがあって、引き揚げまではそこに住んじょったんです。そこから大連の町や中学校ま

で歩いて行きよったら終戦と同時に、満州人が日本人を見ると石を投げるようになってですね。だから学校には行ったり行かなかったり。行っても紙もないから、学校はあってもないようなものでしたよ。勉強した記憶がないですよね。

みんな食うのにいっぱいいっぱいで、子どもたちもロシア人相手に行商したりしていましたよ。私たちは、最初の一年は保管していた食料があったから良かったけど、その後の一年は食料も底をついて、まさにタケノコ暮らし。衣類とか貴金属を売りながらなんとか食べたり、庭に植えたカボチャばっかり。カボチャに塩つけて食べることしかありませんでしたから。

引き揚げ

二年大連におって、昭和二十二年に鹿児島の蒲生《かもう》に戻って来れました。牡丹江から大連に行ったときは家族がバラバラになったりしたけど、引き揚げのときには幸い家族一緒でした。貴金属とかは全部ロシア人に没収さ

れて船に乗られないと言うから、母親が夜なべをしてあちこちの襟《えり》に縫いつけて、それでいくらか持ってこられました。引き揚げの船の中で船員さんが「おこげ」をくれたのをよくおぼえています。おいしかったですねえ。

鹿児島に帰ってくると山林は残っていたけど、土地は不在地主として小作にタダみたいな値段でとられていた。確か残ったのは一人五畝《せ》（約五百平米、百五十坪）の割り当てで、六人家族だから全部で三反《たん》（約三千平米、九百坪）だった。自分たちの食うだけは田んぼも畑もあったけど、親は忙しくて畑仕事をできんもんだから、長男の私が学校もそっちのけで百姓しよったのよ。学校には籍をおいているだけ。なんとかかんとか卒業した。

バタ角、担ぎ専門

昭和二十六年に高校を卒業して、昭和二十八年に叔父を頼って上京しました。東京はその頃まだ、普通の住宅は瓦ではなくて杉の皮で屋根を葺いたりしていましたよね。叔父からは「東大へ行くか、丁稚《でっち》になれ」って言

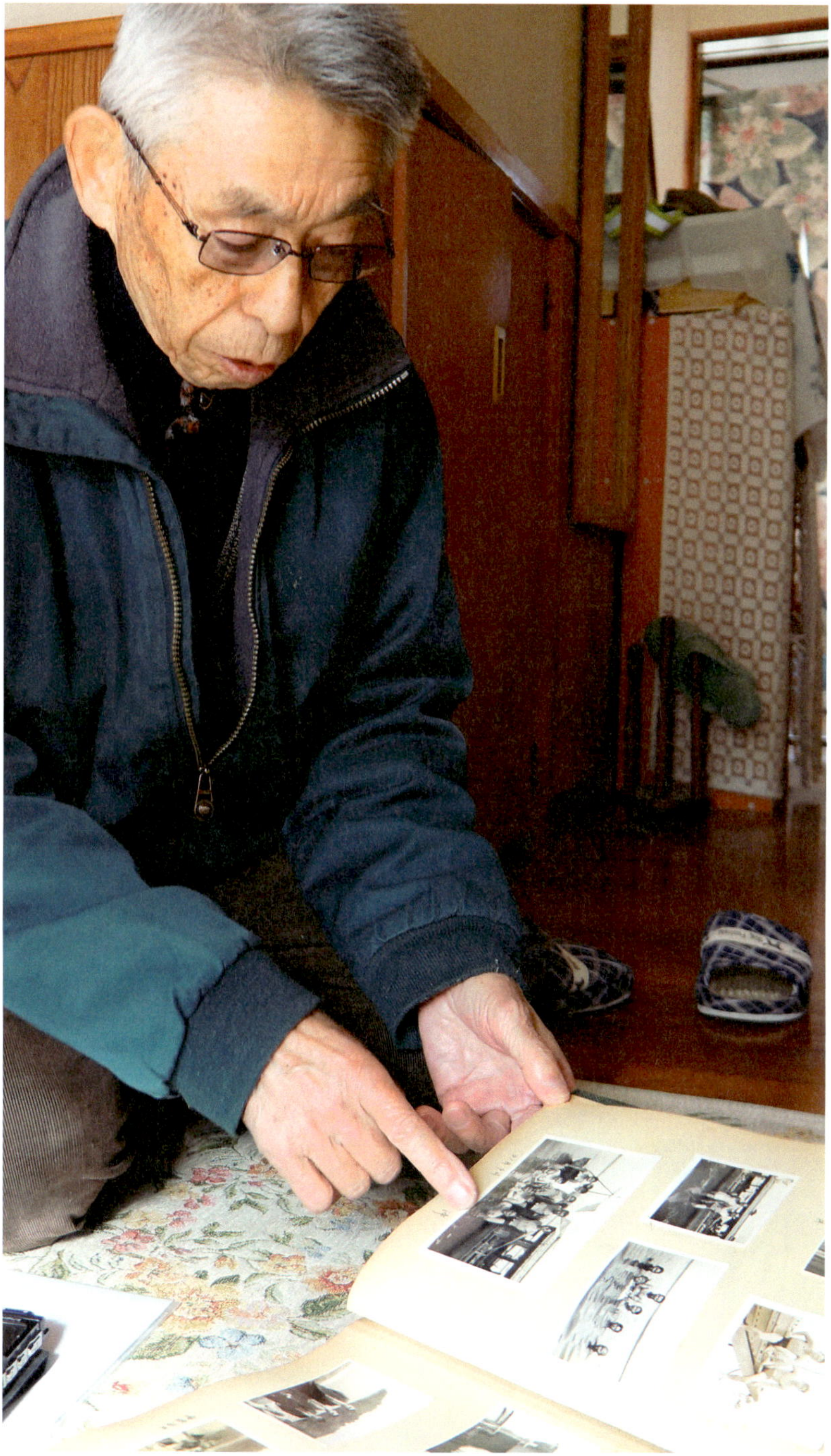

われて。でも戦争のどさくさで勉強した記憶はないわけだから、東大なんてとんでもない。私は生まれが蒲生だから山もあるし、当時は復興で木がよく売れたから山の商売をしようと思ってね。それに親父も木材関係でしたから。それで木場《きば》に丁稚に行ったわけですよ。十三年おったですかね。

丁稚がきつくて一時は大学に行ってみたり、千葉の鉄道の車輪をつくるところで働いてみようと思ったり、いろいろしてみたけど結局は連れ戻されて木場で働いていましたよね。

静岡の天竜や茨城、鹿沼《かぬま》などの製材所から、社長が材料を仕入れて木場まで持ってくるんです。当時は三輪車のトラックはなくて、貨車で木場の錦糸町《きんしちょう》の引込線に入ってくると、運送屋が馬車に材木を積んで持ってくる。それを担いで下ろす、という仕事でしたね。

木場には柱専門とか壁板専門とかそれぞれあって、うちはバタ角の専門。バタ角っていうのは丸太から末口（直径）三寸（約九センチ）くらいで角をとった角材。それを三、四本一緒に担いで、倉庫に運んで立てておくのよ。ほとんど杉。その頃はまだ鋼管や鉄パイプというのもなかったから、全部

バタ角でやっていたのよ。うちのバタ角を今度はトラックに積んで、静岡の佐久間ダムの現場なんかに納めよったんです。

私は一番下だったから担ぐ専門。左肩に肩当てをして担ぎよったです。そりゃあ腫れてコブもできるし、しまいにはドローっとなって毛が生えてきよった。朝は五時に起きて六時から仕事で、最初は休みが年に三回しかなかった。そのうちに第一、第三日曜日が休みになりました。自分たちで帳面もつけなきゃいけないし、伝票も書かなきゃいけないのよ。計算をしようにも算盤《そろばん》もできなかったから、使い方を習いながら一生懸命計算をして、終わるのが夜の十二時。勉強する暇もなかったですよね。

鹿児島へ

洋子　私の生まれは京都なんですけど、終戦直前に母親の兄弟がいる館《たて》林《ばやし》に疎開したんですね。親が京都の西陣帯の図案師でした。戦前は良かったんですよ。戦争で「贅沢は敵」っていう時代になったから、仕事が

なくて大変でした。着物を売って食料に換えていましたよ。小学校一年のときに終戦でした。

私は美容師になりたくて、木場のそばの美容室に見習いで入ったの。それで何年かしたときにお見合いして、私が二十五歳と主人が三十一歳のときに結婚しました。結婚して五年くらいしたとき、鹿児島へ帰ることになって。それが昭和四十三年の頃かな。

一郎　木場におった頃に材木屋をやろうかなと思って、千葉の流山《ながれやま》というところで土地を買ったんです。銀行に十年間積み立てをしてですね。でも結局、話自体ご破算になったんですよ。そうしたら蒲生の母が倒れ、続いて親父が倒れ、弟三人は家を出ていたものだから、長男の私が鹿児島に帰ることにしたんですよね。流山の土地を売って、その金で今の坂之上の土地を買ったんです。ここで材木屋をやろうと思って。

でも鹿児島と東京の建築材の様式、寸法なんかがぜんぜん違っていることに気づいて。それでもう少し勉強せんといかんなと思って、易居町《やすいちょう》のマルヒラ木材の小売部で三年ほど働いたんです。そうしたら肝臓の病気に

なって、九ヶ月入院してしまって。でも保険が六ヶ月しかきかんでね。どうしようかと困ったけど、女房が内職で近所の人たちにパーマをしてくれて、残りの入院費がなんとかなったのよね。

いつまでも内職のままでしとっても良くないから、家の車庫を壊してパーマ屋をはじめることにしたのよ。私もこの体じゃ独立して材木屋はできんなって思って、親父のところに勤めることにしたの。親父は製材団地にあった南港木材市場の専務をしよったんです。私もそこに入ったの。だからまあ私の人生は木材関係のことばかりですよ。

現在いいと思える

年とってはじめて、「もうちっと若いときにいろんなことをしとけば良かったな。あれもしたかった、これもしたかった」ってわかってきましたよね。人生には三回チャンスがあるって聞いたことがあります。私はね、材木屋をこの坂之上でできなかったこと、それが一番悔しい。それまで材

木屋でずっときてるわけだから。まあそうは言っても「現在いい」と思えるからいいんだろうな。家の前の畑をいじったり、八十歳でゴルフだってできるし。幸せですよ。

洋子　年はとってるんだけどお互いなんやかんや忙しいのよね。私は鹿児島国際大学の生涯学習センターに十二年行っていますよ。一度は経営的に成り立たないってことで閉校になったけど、グループのみんなで自主的に先生にお願いして講座を開いてもらってね。そこでは童謡を歌ったりしています。あと農協の女性部の活動に参加したりね。ウォーキングしたり、花見をしたり楽しいですよ。

玄関の上がり口に夫婦とも長時間座ったまま、熱心に過去のことを語ってくれた。私たちに伝えようという意思を強く感じた。

雨の中で元気そうに畑を耕していた姿が印象的。

自分の居場所

草宮剛一

Gaya coffee　昭和三十五年生

取材
大迫辰嘉
松永勇貴

妻のおかげ

生まれは坂之上です。親父は公務員でしたが、じいさんは大工をやっていて、あとは農業を継いでいました。先祖代々、ずっと坂之上です。

十八歳で東京の大学に進学しました。それから新卒で「専売公社」（現・日本たばこ産業）に入ったら、九州支社の鹿児島に配属になって。意図せずにUターンすることになりました。赴任地は種子島でした。タバコの収穫のときだけ忙しくて、あとはぶらぶら出歩いて遊んでいました。それで馴染みになったお店の一つが、妻の家族が経営していた喫茶店だったんです。結婚は二十七歳だったかな。その頃、会社を辞めてライターの仕事をした

り、妻の実家を手伝ったりしていました。
今でこそ喫茶店をやっていますけど、種子島でお店を手伝っているときは、なんだか狭い世界に感じてしまって。外が気になってしょうがなかった。じゃあ他に何をするか、というあてもない。仕事がなければ、生まれ故郷でもないので居場所もない。結局三十歳の頃に、妻子をおいて一人で種子島から飛び出すように出てきました。当時は先が見えなくて苦しかった。鹿児島で何度か転職をして、最終的には「南日本リビング新聞社」に、編集の仕事で入りました。そこに九年間いましたね。一番長かったです。その間に妻も種子島から出てきて、次女も産まれました。

妻がランチとコーヒーの店を坂之上ではじめたんです。私はサラリーマンのかたわら、「定年退職後のための訓練と趣味」という気持ちで、焙煎機でコーヒー豆を焼きはじめました。

でも仕事の過労が原因で鬱になったんです。それが七年前、四十七歳のときでした。それで会社を休んだり復帰したり、一年くらい苦しんだけど「もういいかなあ。この仕事はできないな」と思ったんです。人間の心っ

ていうのはガラスと一緒で、一回壊れたらもう元に戻らない。病気って治らないんですよね。必ずどっかが変わってるわけです。

その頃、鹿児島国際大学で「屋外にカフェをつくる」っていう一般公募がはじまったんです。それに手を上げて採用されました。大学でのカフェ運営があったら経営も安定して、自営業として独立していけるだろうと思ったんです。それで会社を辞めて「Gaya coffee」をはじめました。

もうね、ほとんど妻のおかげですよ。妻の実家が喫茶店だったことも、お店を坂之上ではじめたことも、独立できたのも全部つながっていたんですね、今思えば。だからボタンのスイッチを押したのも、そのボタンの装置をつくったのも妻ですよね。

「私設公民館」

学生時代に友達でコーヒー好きな奴がいまして、勧められて一杯七百円もするコーヒーを飲んだんですよ。そうしたらびっくりだったんです。

「これがコーヒーか！」っていう感じ。苦いような甘いような。甘味がふぅーっと鼻に抜けて、後味がずっと残るわけですよ。「うわーっ」って思って。そのときの記憶は鮮烈ですよ。

三十年経って、喫茶店をはじめるにあたって思ったのは、「自分も感動を残せるようなお店を目指したい」ということ。コーヒーという飲み物は気分転換もしてくれるし、元気もつけてくれる、そういう不思議な飲み物。だからもうちょっと身近な存在にしたいんです。目標としては昔の豆腐屋みたいに近所の人たちに愛されるお店。うちはコーヒー屋というより、自家焙煎の豆を煎るコーヒー豆屋ですね。豆を買ってもらうために飲む場所をつくったんです。

お店でピアノ演奏のイベントや書道教室を開催しています。近所の人たちが集まったり、一人暮らしのお年寄りがふらっと遊びに来たりとか、そういうところがあるといいじゃないですか。ほっとして。だからお店のことを勝手に「私設公民館」って言ってるんですよ。行き場所があることは大事なことで、行き場所がないのは辛いですよね。そういう人が三、四百

円出せば、決して一人ではない居場所がみつけられる。コーヒー屋というのは、そういうことができるんじゃないかな、という思いがあるんです。人と話をすると救われる、という面があると思います。

自分がそういう居場所探しで喫茶店をよく使っていました。五百円お金があったら、ご飯は食べなくても喫茶店に行く。ライターや編集の仕事をしていたのは古本屋が好きだったからなんですけど、古本屋とコーヒー屋というのはセットなんです。学生時代に神保町（東京にある世界最大の古書街、古本街）に行くと、必ず喫茶店があるんですよ。コーヒー屋や古本屋には時間が止まるときがあると思うんです。気づくと二時間も三時間も過ぎている。前から「人生が終わるときには、コーヒー屋か古本屋の親父で死にたい」と思っていました。

ずっと大切にしたいことを探していたような気がします。今では窓の外がまったく気にならなくなった。年とったんだなあと思いますよ。あれほど気になっていた世間が、はっきり言えばどうでもいいや。自分の居場所を自分で持てた、という感じはありますよね。

「草宮」姓からみえること

お店には、坂之上で拾った土器の破片や鉄滓《てっさい》（製鉄の際に排出される不純物）を置いています。趣味みたいなもんです。土器は子どもの頃から拾っていましたよ。よく友達同士で「考古学ごっこ」をして、土器を拾って集めたりして。もともと生まれたのが坂之上の古い集落なんですよね。道が細くて見通しが悪くて。そういう古い町並みや雰囲気が原風景というか、それが普通だと思っていたんです。

私の苗字の「草宮」が珍しいもんですから、子どもの頃からいつも「どこの出身ですか？」って言われていたんですよ。それが嫌だったんですよね。それで「この苗字の由来はなんなんだろう」って思いはじめたのが、歴史に興味を持ちだした最初ですね。

私の実家の辺りは平安時代の頃、「久佐郷《くさごう》」と言っていたらしいです。「久佐」から「草」になったのかもしれません。というのも、この一帯には「草」が苗字に含まれる人が結構多いんですよね。この辺りからいっぱい

出る土器の分布は「久佐郷と重なるんじゃないかな」と想像しています。

古くから人が住んでいた範囲というのは、けっこう広いですよ。人々が標高差のある坂之上に、水に苦労しながらもなぜ住んだのか。理由として高い場所は逃げやすく守りやすかった、というのはあるかもしれない。戦乱がおこるとみんな高いところに逃げて暮らした。平和になると下に降りて。降りないで残る人もいた。

坂之上から谷山氏（鎌倉から南北朝期にかけて約二百年、谷山一帯を支配）の居城が見えます。目で見えるということは大事ですよ。敵が攻めてくると、それを目視して「よし、準備しよう」と言って襲撃に備える。特に平安時代から戦国時代まで、この辺りは小競り合いが続いているから攻められるのを防ぐには、坂之上の台地というのは天然の要塞だったんでしょうね。

実家の近所に草野宮大明神という祠《ほこら》があります。みんな「でめじんさぁ（大明神さま）」って呼んでいます。うちの苗字「草宮」はそれと関係あると思うんです。この辺りの神社というのは修験道が多い。烏帽子嶽《えぼしだけ》神社も伊《い》佐智佐《さちさ》神社も、もとは権現さまで神社じゃないんですよ。あれは明治政府

が、全国にたくさんあった神社とか祠を全部合祀するんですが、その中で草野宮大明神がなくなるんです。結局神社として認められない。一応祠だけは残っているんです。

足元を見ておこう

この辺りは砂鉄がとれて、刀鍛冶の製鉄跡が多くあるんです。それでいろんなところに今でも鉄滓が落ちてる。七ツ島の辺りは昔、「みったいのはま（水樽の浜）」っていう浜だったんですね。喜入《きいれ》から小松原の辺りまで砂鉄がとれたようですけど、その辺りが一番いいのがとれたらしいです。

製鉄には、炭用の木が大量に必要になります。だからそれぞれの場所で「ここの鉄に一番合う木は何か」というのを探していたみたいです。修験者は山を歩きますから、木も探せますし、鉄も探せる。そうすると鍛冶と修験ってすごく近いところにいるんです。

一つの例として、鹿児島でよく知られる波平《なみのひら》の刀剣に、山形の月山《がっさん》鍛

治の特徴が見られます。その技法は、月山の修験者が伝えたと言われていますが、だとしたら薩摩の刀匠も修験者でなければ、同じネットワークに入れないはずと思うんですね。

薩摩では修験者が非常に尊がられています。修験の出が「麓三役」と言って、地方行政機関の重要な役を任されている場合もあったり。薩摩の山という山に、修験道の痕跡が見られます。修験者は独自のネットワークを持っています。スパイもやるし、山師もする。金脈を探すこともあったみたいです。修験の力というのはすごくて、明治政府が修験道を禁じたのは、彼らの存在自体が危険だったからだと思います。そういったことが坂之上を歩いていると見えてくるんです。

歴史の専門家なわけではないので、自分の興味を満たすことをやっているぐらいですよ。今のうちに「拾える土器や鉄滓を拾っておこう」という。だって潰されたら何も残らないわけですから。自分にとって坂之上は足元だから、「見ておこう」という気持ちですね。

豆を焙煎する音、鼻孔をくすぐるコーヒーの香り。独特のアットホームな雰囲気。若者からお年寄りまで気軽に利用できる空間だと思う。

人生は何度でもやり直すことができる。草宮さんの人生を通して、そう教えてもらった気がします。

Kalita

救ったり救われたり

橘 天真

橘会 霊能者 昭和五十年生

取材
朝沼まゆみ 中島興志朗
武元明希香 松永勇貴
田中涼太

代々続く霊能家系

私は霊能者として、除霊や供養を行っています。母方の祖母、またその祖母、と血筋で霊感を授かっています。この力は誰に継がれるかわかりません。私には兄と弟がいますが、彼らに霊感はまったくありません。私たちのルーツは、神社で舞を奉納して、神様を降ろす役目を持った巫女さんなんです。私は舞わないでも、祝詞《のりと》をあげることで降霊できるんです。

生まれも育ちも鹿児島市内です。母も祖父母も、みんな朝ご飯を食べる前に必ず祝詞を読んでお祈りをします。それから正座をしてご飯をいただきます。そういう家で育ちました。稽古事は書道、茶道、日本舞踊、着付

けをしてきました。それぞれ先生の免許も持っています。ここでは書道の教室もやっていて、子どもも大人も対象にしています。

実家は神道ですが、私は純心高校、純心大学と七年間、カトリックのミッションスクールの出身です。キリスト教の教えはとても勉強になっています。いろいろ教わった中で、私が好きな言葉は「天に宝を積みなさい」というもの。地上にあるものは泥棒がとっていき、虫が食べ、なくなります。でも天に宝を積むと誰もとらない。虫も喰わない。あなたが天に昇るときに持っていけるんです。そういう教えですね。

私のところの本堂にはマリアさまもイエスさまもいますし、八月になったらお盆もします。宗教は問いません。

霊のいる世界

私には母のお腹の中にいたときの記憶があります。お腹の中で私は目が見えないんです。ただ自分がビクンビクンと動いてるんです。母が女性の

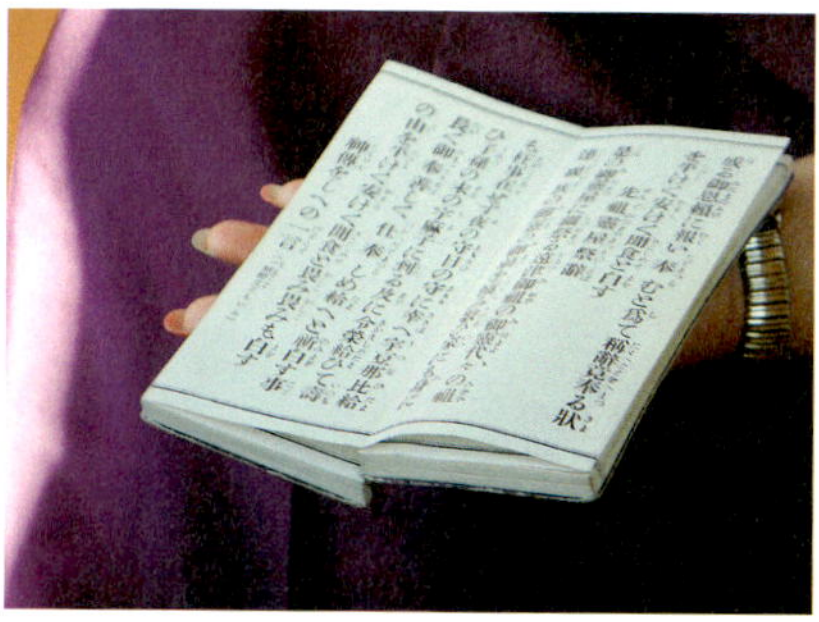

方としゃべっている声が聞こえたんですよ。母がお腹に手を当てて、私がお腹の中から蹴ったのをおぼえています。

二歳くらいから、霊が見えはじめていました。母に「こういう霊がいるよ」と言ったら「そこはね、神様の通り道だからね」と教えてくれて。

「この人はもう寿命が短い」とわかってしまうと、子ども心に悲しくなったりしました。例えば「おばあちゃん、あと三日で亡くなる」とわかるんですよ。そうしたら三日間ずっと泣いていないといけない。他の人たちは、亡くなったその日に泣けばいい。

妖怪もいますよ。皆さんが昔から聞かれている妖怪の類が。三つ目とか、首長、ろくろ首のような妖怪たちもいます。あれらはたぶん、それぞれの時代に霊力のあった方が、絵の描ける方に姿を教えてつくったものだと考えています。小さい頃からよく見ていましたもの。いますよ。

霊が多いところはここの近くで言うと慈眼寺《じげんじ》駅、あの周辺は合戦がありましたね。少しいわくのある土地です。ちゃんとお祓いをしてから家を建てたほうがいいですね。

人を救ったら自分がうれしい

今の活動をはじめる前、私は福岡の大きなお寺に嫁入りしていました。そこでお姑さんや小姑さんとうまくいかず、病気になったんです。闘病生活が何年間も続いて、別れて鹿児島に帰ってきました。これからは「人を救うことを自分の人生にしよう」と決心しました。人を救ったら自分がうれしいですから。

うちの大黒様は、木槌をかかえて金俵を踏んでいるんですけれど、これは珍しいんですよ。普通、木槌は手で上に持っているんですね。俵を踏んで一歩前に足を投げ出している。踏むことによって中身が散っていきます。散るということは、財を与えることなんです。「お腹のすいた人には与えてあげなさい。頼ってきた人には何でもしてあげなさい」という意味を込めて、特別にお願いしてつくってもらったんです。

これからはもっとたくさんの人を助けたい。心を病んでいる人がたくさんいます。私も精神科に通ったことがありますから、いろいろと苦労がわ

かるんですね。心を病む人がどうして多いかと言うと、親のあり方など、家庭環境が変わったからだと思います。昔は子どもが「お国のために」と言って戦争に行っていましたよね。そのときは泣かずに頑張って、「母親のため、父親のために」と言って自分を犠牲にしていました。今は逆ですよ。親が携帯やゲームを与えてくれる。親がなんでもしてくれる。自分が「してあげる」んじゃなくて親が「してくれる」。そうするとやっぱり親をないがしろにする。

悩みは子どもにも親にも多いと思います。昔はおじいさん、おばあさんを家で看るのが当たり前だった。けれども今は施設に入れる。それで終わり。会いにも行かないですから、子どもたちが学ばない。

自分ができることはとにかく時間を使って、ゆっくりと相手の話を聞いてあげること。そして私の力を加えてあげると、楽になって帰って行かれます。私ができるのはお祓いと相談ですね。救いたい気持ちも救ってもらいたい気持ちもまったく一緒なんです。

霊媒師の方と喋るのははじめてだったので好奇心丸出しの質問ばかりでしたが、真面目に答えてくださいました。妖怪がそこら辺を普通に歩いてると聞いて興奮！ 普段見れない世界を覗いたような気がします。

御神酒

町内会は公園で

末吉 利光

星和会会長　昭和七年生

取材　岩滿要斗　西垂水栄太

老人会長

出身は鹿児島市内の郡元町《こおりもとちょう》です。親父は木材関係の仕事をしていました。はじめは親父を手伝って、そのあと「大和ハウス工業」に就職しました。鹿児島勤務から最終的には神戸支社のほうにおって。家も建てて、鹿児島には帰らないつもりだったんだけど喘息になってですね。お医者さんに出身が鹿児島だと言ったら、「ちょうどいいから鹿児島へ帰りなさい」と言われて。それで会社を辞めて帰ってきました。私が四十一歳で厄年のとき。不思議と厄年の頃になんかあるんですよね。

郡元に家があったんだけど、産業道路の入り口なもんだからダンプとか

多くて、空気が悪かったんです。それで星《せい》和《わ》台《だい》団地にいいところが見つかったから引っ越してきました。ほとんど畑だったけど、海は近いし空気はいいしね。この辺りは新しく建物ができた場所だから、昔から住んでいた人は少ないわけよ。一番最初の人が来たのが昭和四十八年くらいじゃなかったですかね。私が来た頃は二十世帯くらいしかなかった。ここはもともと岩と小さい松の木ばっかりの山だったところ。車庫をつくるときも下が岩なもんだから、業者でも掘れないくらいの固い地盤でしたよ。

二年ぐらい療養したら病気が良くなってきたので、パッケージ会社で働くようになりました。そして定年で仕事を辞めてから町内会長をしました。今は老人会長（星和会会長）をしています。（平成二十七年度より同顧問）

青空総会

町内を活性化させるために青年の連中が集まって、第一回の町内会を開いたのが四十年前。そんときは確か十五人くらい集まったかな。子どもた

ちもまだ大勢いたわけですよね。だから子どもたちの面倒をみる、あいご会（町内会の子どものための組織）をつくろうじゃないか、とかそういったことから話が盛り上がってきて。当時で一世帯二万五千円ずつ集めて、足りない分は銀行から融資してもらって公民館をつくったんです。今は市の補助とかありますけど、その頃はほとんど自前だったから苦労しました。あっちこっちいろんなところから寄付をもらって、ようやくできました。

「星和台団地自治会」というのが発足してから四年後の昭和五十四年に、公民館ができました。それまでは第一公園で青空町内会もやったし、総会もそこでしおったんです。

団地の守り神

この団地に入居が増えたのが昭和五十年頃から。その頃入ってきた人たちはほとんど若い人ですよ。家も全部新しいわけですね。若いからいろんな行事をするんですよ。運動会にしろなんにせよ、まとまってやりおった。

ここ星和台団地はよそから羨ましがられるくらい町内会が盛んです。近所付き合いも良いですよ。みんな顔見知りで。一つのお城の中みたいなもんだからね。

団地の入り口にある石碑は、まだここが山だった頃に、地神さまとしてもっと上のほうに祀られておったんです。石に書かれている年号がちょうど、薩摩義士が岐阜の治水工事をしたときのもの。薩摩藩がお祈りのつもりで建てたんでしょうね。

昔から地神さまというのは「粗末にするな」と言いますでしょう。団地を造成するときに置き場所に困って、うちの町内会に相談があったんですよ。それで今はここに「星和台団地の守り」として置かれてるんです。

町内会活動

昔は大学（鹿児島国際大学）でもいろんな行事をやってらっしゃったんですよ。ただ「来てください」と言うだけじゃなかなか人が来んもんだから、

学生たちが町内会長のところに、「こういうことをやりますので交流してくれませんか」と言いに来てですね。学生たちが出店をつくって、野菜やら売ってらっしゃったですよ。よく団地の連中も行きおったですよ。うちらの町内会でも大学の施設を借りたことがあります。体育館で踊りやスポーツをしおったですよ。大学の校庭や講堂で運動会もしました。

「エイト会」というのがあるんですよ。毎月八日に踊りの練習とかいろんなことをするんです。市民体育大会で出演しますけどね。女性たち十五、六人くらいで、そういう会をつくって。それは毎週金曜日に公民館でやってます。うちの家内も一緒にやってますよ。

いろいろやって体を動かすのはですね、みなさん健康でなるべく医療費を使わないようにすることが第一の目的なんです。入院したらとんでもない金額なんですよ。町内会をやりながら思うことは「寂しい町にならないためにどうすればいいか」ということなんです。だから亡くなられる方々のあとにですね、土地の利用がスムーズになるようにせんといかんと思いますよね。そしてやっぱり若い人たちに多く入ってきてもらうこと。それ

が大事じゃないでしょうかね。

ここに住んで一番良かったことは病気が治ったことですね。医者には「軽くはなっても治るかはわからんよ」って言われていましたけど。療養に適地だったということですよね。家内はもともとこっちの人間でしたから、神戸から引っ越すことになっても「病気のために帰るんだからいいよ」って言ってくれましたけど、娘はそのとき高校生だったから申し訳なく思いましたね。今は三人いる娘もみんな結婚してね。一人は都城《みやこのじょう》、二人は鹿児島市内におります。孫もしょっちゅう遊びに来ますよ。今でも良いところだと思ってます。ちょっとくらい不便さはありますけどまったく問題ないですね。良すぎるくらいです。

「新しい星和台団地をみんなでつくっていく」という思いのこもった地域愛を感じました。僕は坂之上で生まれ育ちましたが、僕の住んでいる場所よりずっと住民同士のつながりが強いんだな、と思いました。

313　末吉利光

まちのお菓子屋さん

前田 知恵子

菓子工房「まえだ」昭和十八年生

取材
楠 奈月
西垂水 栄太

尊敬しています

生まれは向原《むこうばら》で、このお店のすぐ近くです。生家は大きくて、敷地に防空壕があったんですよ。三歳くらいまでは防空壕に入って遊んでいました。三角頭巾もありました。戦争中に飛行機を見た記憶が、おぼろげにありますよ。ものすごい音だった気がします。

小さい頃、鹿児島は台風の通り道でしょっちゅう通過していました。ルース台風はおぼえていますよ。家が飛ぶとか戸が外れるとかはなかったですけど、何が恐ろしいって、あの状況ですよね。怖かったですよ。地震、雷、火事、台風ですよ。

生家は百姓でした。父方の祖父は、喜入《きいれ》に貝殻を砕いて石灰をつくる大きな工場を持っていました。父は商売が好きで「近くに金物屋かラーメン屋のお店を出せ」って子どもたちに言っていましたね。父に似たんでしょうね、私も商売が好きになりましたよ。

父は養子だったんですけど、自分で一町歩（約一万平米、三千坪）の畑を求めたそうです。丸葉《まるは》（在来種）もあったけど、主に米葉《べいは》（外来種）のタバコなんかを植えていましたね。私もタバコの芽掻《めか》きの手伝いをしていましたよ。タバコの葉っぱの付け根に小さい芽が出てくるんですけど、葉を大きくするためにその芽を掻くんです。タバコは刺激が強く、畑に入りしばらくすると目まいがして倒れてしまったこともあります。それで芽掻きはあまり好きではなかったですね。

母は明治三十七年の生まれで、すごく教育熱心でした。母は「勉強をしたかったけれども、家庭の事情で学校に行けなかった」と言っていました。だから子どもたちには「勉強をさせて良い学校にやらせたい」っていう気持ちが強くて。「手伝いはせんでいいから勉強をしなさい」ってよく言わ

れましたよ。寒い冬にテストのあるときは暖をとってくれたり、温かい夜食をつくってくれて、夏の暑い日には団扇であおいでくれたり。でも私は勉強が嫌いだったから手伝いとか他のことをしていました。今思えば母の愛情にもっとこたえてあげればよかった。

私も愛情たっぷりな母親になりたいと思うけど、とても母を越すことはできないですよね。父も母も働き者で優しくてね、ほんとうに尊敬していきます。いつもお墓の前で、こんなに元気な体に育ててもらって感謝していますよ。

てっぺんは雲の上

子どもの頃は木登りが好きでしたね。家の敷地に何十年ものの大きな渋柿の木があったんです。大人が二人で囲むほど太かったですよ。秋になると柿が熟したのを、けっこう上まで登ってとっていました。木のてっぺんは雲の上にいるようでフワフワして好きなんです。だから今でも木登り上

手です。今は登る木がないですからね。あったら登りますよ。そういう競技があったら出場しますよ（笑）。

私が学生だった頃、今の七ツ島の辺りは海だったんです。大小七つの島があって。学校から帰ってきたら鞄をホッと投げて、海に行って貝掘りでしたよ。アサリとか味噌汁にして食べるんです。大潮のときなんかはね、一番奥の島まで渡れるくらい潮が引いていたんですよ。それで夜中の一時や二時の頃に母たちと灯りを持っていって、バカ貝なんかをつめたカゴをかついで帰ってきてね。夜中の浜は大変でしたけど、あれは楽しかったですね。昼間は藻の中に小さいタコもいて、いっぱいとりましたよ。今は埋め立てて、そういうことをする場所もないですもんね。

他には山に薪をとりに行ったり、そんなことばかりしていましたね。私はおとなしかったですけれど、正義派だったから悪いのがおったらとっちめることもありましたね（笑）。たくましく育ったですよ。

高校卒業後、集団就職で上京しました。羽田で事務の仕事に就いたんです。でも「こんな場所は住むところじゃない」と思ったので、一年くらい

して大阪にいた兄のところへ行って仕事をしていました。二年大阪にいたけれど、父が突然亡くなったものですから鹿児島に帰ってきました。帰ってからは天文館の洋品店で働いていました。洋服の行商をするおばちゃんの縁でお見合いをして、昭和四十三年に主人と結婚しました。

味には自信がある

このお店は昭和四十二年創業ですので、平成二十九年で五十年、私が嫁いできて四十七年になります。主人は大阪で修行をして、帰ってからお店をはじめました。

今お店のある場所はもともと鮫島牧場の会長さんの土地だったんです。最初は坂之上郵便局の近くでやっていました。でも平成十三年に道路拡張があって、鮫島会長に相談したところ快く応じてくださってね。平成十四年四月に今の場所に出てきました。

ちょくちょく会長のところには遊びに行っていましたよ。戦争の話を聞

いたり。会長はその辺にない珍しいものを集めて植えてらっしゃるの。すごく大きな梅だったり、椿だったり、立派な枝垂桜《しだれざくら》も植えてるんですよ。私も好きだから少しいただいて、お店で飾ったりもしましたね。

乗馬園をなさっていたから、四、五人で馬に乗って近くをグルっと回ったりしていましたよ。うちの息子も乗馬をさせてもらったりね。会長はカッコ良かったですよ。

主人は引退をして、今は四十歳になる息子が跡を継いでいます。私が昔ながらのふくれ菓子や団子などの和菓子をつくって、息子がケーキとかプリンやシュークリーム、モンブランなんかの洋菓子をつくっています。材料は主に県内産か国内産。カビ止めや防腐剤といったものは一切使ってないですよ。味には自信があります。またおいでくださいね。

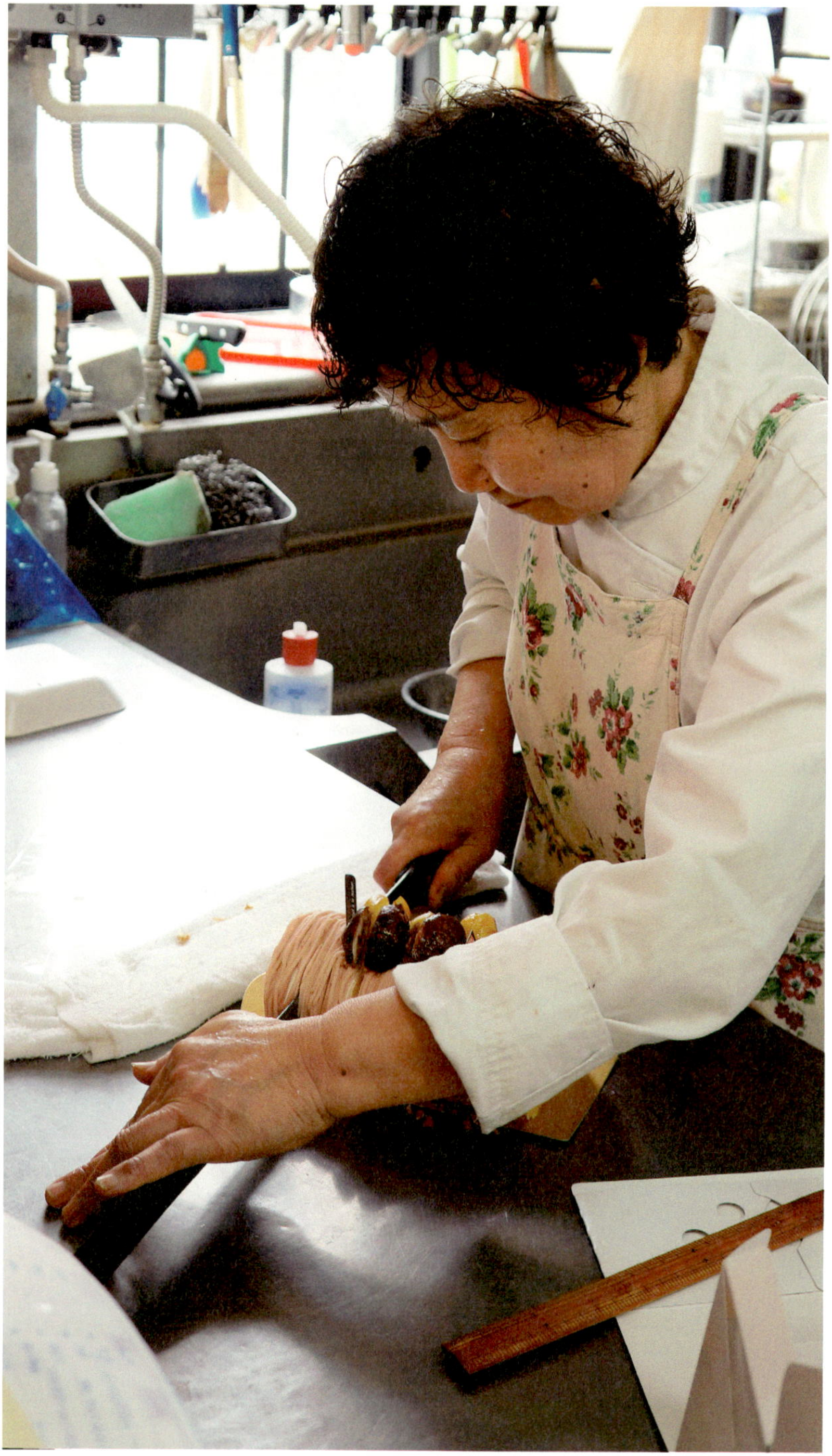

お菓子づくりをしている優しそうな前田さんが、木登り好きというギャップが素敵。

323 前田知恵子

消防マニアの大工さん
内大久保 清志

内大久保建設 昭和二十五年生

取材
大迫辰嘉
川畑龍馬
松永勇貴

海岸部落と山手部落

私は昭和二十五年生まれ、坂之上に生を受けて六十四年になります。昔は海沿いか山沿いかで「海岸部落」、「山手部落」って言いよったですね。海岸部落は漁業の人たちやサラリーマンが多かった。うちの辺りは山手部落で農業でしたね。農家で牛を飼ってたから、牛の世話をしよった。中学校の頃は学校から帰っても勉強はせんで、草を切ったり、カライモを植えたり。それが仕事だったですよ。

牛の乳は搾ったばっかりなのは温かいから、冷やさんとだめになるわけ。そのまま放っておいたら腐るわけよ。バターみたいにならんようにバ

ケツの中でぐるぐるぐるぐる回しながら水で冷やして、それを自転車やリヤカーに積んで牛乳の集配所に持って行きよった。谷山小学校の前には青果市場がありよったのよ。学校に行く前に自転車で、そこに親父やおふくろがつくった野菜をもって行きよった。

小学校四、五年生の頃に、白黒テレビが流行りだした。裕福な家は早くにテレビを買っていたから、遠くまで何キロも歩いて、他人の家に「おじさん、テレビ見せて」と行きよった。靴も今みたいにいい靴じゃなくて、ゴム草履みたいなのを履いて。家の縁側には足を拭くために雑巾が置いてあってですね。そこら辺の友達やら兄弟やらと見に行きよったですよ。

生活の知恵

坂之上には水がなかったのよね。川も何もないでしょう、飲み水が少なかった。山手側にぽつんぽつんと井戸はありよったけど、その周辺の人の使う分しかないわけ。私も小さい頃は今の和田中学校の辺りに水汲みに行

きよったですよ。だから昔は「坂之上から嫁は貰っても、坂之上に嫁はやるな」と言われていた。「嫁げば水汲みで難儀をするけど、坂之上の娘たちは水汲みで難儀をしているからいい嫁さんになる」ということでね。水道ができたのが昭和三十年くらい。もう五十年以上前の話ですね。

天秤棒で水を汲みに行きよった。天秤棒を持って歩けば、水がちゃぷちゃぷちゃぷちゃぷ跳ねてなくなるわけ。それをしないために、木の枝を川で洗ってバケツに浮かばせた。そうすれば水が跳ねないでしょう。生活の知恵やね。木の葉とか笹の葉とかもきれいに洗って浮かばせていた。もちろんガスもなかったわけだから、風呂も集落三、四軒で一ヶ所だけ沸かすわけ。それにみんな貰い風呂していきよったんですよ。うちでは雨樋の水を井筒に溜めて、手や足を洗ったりしていました。

車が農協の辺りとかを走りよると、その荷台にしがみついて行って適当なところで降りよったです。そういう時代もあったのよ。その頃は隣近所もつながりがあったのよね。今じゃ考えられないけど、人の家の柿やミカンをちぎって食べて。「どこん子どもか！」と怒られよったけど、それで

327　内大久保 清志

も隠れて木に登って食べよった。柿も今みたいに甘いのはなくてね。渋柿の熟すのを待って食べよったんだけど、とにかくご飯がないわけだから、ちょっと熟してると思ったらとって食べよった。まだ大きくなりきらないのに熟しているのには虫が付いてるからね。虫をとって食べよった。食べれば渋くてね、白い汁が出るわけよ。その汁を吐き捨ててカスだけ食べよった。そんだけ食べ物がなかった。

この辺はイモ畑ばかりだった。それで学校に行くときイモをとって、前の日に草を焼いて焚火をした残り火の中に入れて、帰りに食べたりしました。卵一つをみんなで奪い合いをして食べよったよ。

海には貝掘りにも泳ぎにも行きおったです。夏休みになると親は「手伝ってもらおう」と楽しみにしているんだけど、子どもたちは「遊ぼう」と楽しみにしている。よく海で遊んで疲れて、ぐたぐたになって帰ってきよったですけどね。

今は産業道路になっているところに泳ぎに行きおったですよ。市民体育館があるところが和田中学校跡で、そこの下の海に泳ぎに行ったり。和田

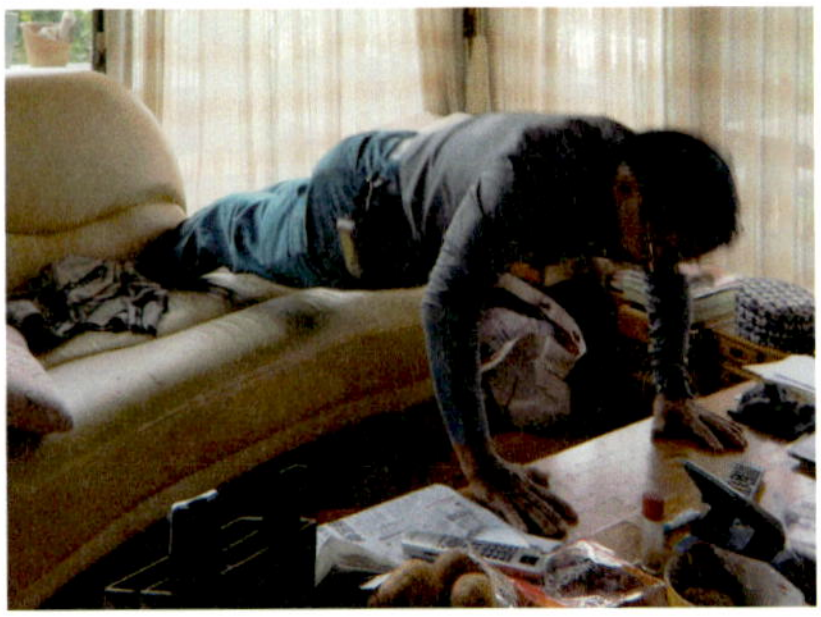

中の校庭の端っこに堤防があって、岩でできた自然のトンネルがあってですね。錦江湾がプールだったから、水泳の授業は錦江湾でしたよ。

やっせんぼ

高校に入る頃、自分たちが発起人になって地域対抗の校区の運動会をはじめました。そんなことで地域の人とは交流が多かったですよね。祭りは伊佐智佐《いさちさ》神社の六月灯（ロッガッドーと呼ばれる神社、寺院で旧暦六月頃行われる祭り）とか、ホゼ祭り（豊饒に感謝をささげる祭り・新嘗祭）もありましたね。「おぎおんさぁ（祇園祭・鹿児島市内最大の夏祭り）」で笠を立てて持つやつ（傘鉾）があったでしょう。あれが道を通りよったのをよくおぼえてるね。

高校を卒業してから、二十一歳まで自動車の板金をしていた。事故車を修理したり腐ったところを切り替えたり。将来は板金屋をやろうという夢はあったけど、二十一歳のときに事故をして、それを機会に大工に。親父が大工で兄貴も大工だったから、親子三人と手伝いをもらったりしながら

やりおったですよ。

二十九歳のときに会社にしました。仕事は個人の住宅も公共工事もしています。例えば小学校の外壁改修や、市営住宅をつくったり、平川動物園の中の獣舎をつくったり。他には土木もやっているから、動物園の中の道路をつくったり、この辺の市道の改修をしたり、何でも。順調は順調です。地元という強みもあるかもしらんですね。冒険はしないで、いい言葉で言えば地道にやってきた。悪い言葉で言えば「やっせんぼ（弱虫）」よね。

ちょうどバブルが弾けた頃で就職難だったということもあったでしょうけど、息子が「跡を継ぐ」って言い出しました。自分の親父の仕事を見とって、「こういう仕事をしたい」というのが少しはあったかもですね。

消防団に四十年

鹿児島市消防団に四十年勤めています。火事のときはすぐに着替えて出動できるように、消防に必要な「七つ道具」をいつも車に積んでね。自分

331　内大久保 清志

たちの町は自分たちで守るという「郷土愛護の奉仕の精神」ですよね。今は息子、娘が私の兄弟消防団員。昨年は日本消防協会より消防団員家族表彰をいただきました。つらいことや危険な体験もするけど、消防団ならではの人とのつながりが楽しいんですよ。

消防車は好きだね。なんでかね。小さい子が消防車を見てウキウキするのと一緒じゃないかと思う。大正十三年頃の消防車をネットオークションで買ったのよ。こんな古いのを見るとワクワクするよね。今年の出初《でぞめ》式で使いましたよ。立派に放水ができました(笑)。

家の廊下においてある消防車はね、手づくりなのよ。機器類の部分は温度計、湿度計、鍋、反射板、パイプ、蛇口、排水の目皿、洗濯機の管なんかを使ってる。孫たちはよくこれに乗って遊んでいる。つくるのに何日もかかったよ。お祭りに持っていって、お神輿にして使うのよ(笑)。

こんなに消防グッズを持っている人、会ったことない。そして自ら消防団に入っていて坂之上を守ってくれている。坂之上の防火は内大久保さんがいるから安心だ。

笠松で九十年

竹ノ内四夫
農業　大正十年生

取材
中村優太
野添隆太
波戸上陽平

笠のような松

わしは九十二歳。大正十年の生まれよ。（すぐ見える家を差しながら）あっちの本家で生まれて、こっちに分家した。女ん子が六人、男ん子が四人の十人兄弟やったど。今は男も女も二人ずつ、四人しか残っとらんよね。もう足が弱くなったよ。

仕事は百姓よ。野菜づくりじゃ。ＪＡ（農業協同組合）に毎回持っていく。畑の規模は四反（約四千平米）くらいやってね。千二百坪かな。昔はムギやったど。コムギやらね、ハダカムギ、ビールをつくるムギ。十一月の末ごろ植えて、ほいで明けて五月頃刈りよったよ。そんあとはカライモなん

かよね。卸すのは農協よ。値段はどひこ（いくら）やったかな。

タバコをやめてユーカリに切り替えたの。タバコは良かったよ。お金になるのよ。丸葉《まるは》（在来種）のタバコより米葉《べいは》（外来種）のほうが金になるのよ。今はユーカリの木を年に三回くらい、動物園の人が伐りに来るよ。

息子と二人でやっとるけど、息子はわしが忙しいときばっかい手伝ってもらう。大変なこともあれば、うれしいこともあるよ。野菜が良かとができたときなんかはね。大変なことは作物が枯れたり、台風や雨風の被害なんかに遭うたりしたときよね。今年は良かったよ。なんも被害がない。

今は竹山になっているところに昔は大きな松があったのよ。昔の人はそれで「笠松」って名前をつけたんだね。笠のような松だったよ。小さい頃は松のところで遊びおった。その横にクラブ（公民館）があったのよ。そんな頃はなにをして遊んどったかね、もうおぼえとらんよ。松は台風でやられてね。昭和十七年の七月だったかいね。竹山の向こうにまだ根はあるよ。松は六人くらいで抱えるくらいの太さやった。枝で臼をつくったりしよったよ。昔でもこんな太い木はなかったよ。

昔はここから海が見えたよ。この下は全部畑やった。経済大（現・鹿児島国際大学）の辺りは全部畑やったのよ。陸稲もつくりよったよ。わしらが小学校五、六年の頃から夏は海に行っとが楽しみやったね。小学校を出らんな海まで行かれんかった。今は海は見えんね。もうだめじゃ。家が建ったり、木が茂ったりね。

馬と牛と犬と鶏

徴兵制があったから二十歳頃はもうこっちにおらんかった。兵隊で中国に四年おった。中国を横断して仏印（フランス領インドシナ）まで行って、仏印からシンガポールまで行った。終戦のときはシンガポールにおったけど捕虜になってね。昭和二十二年に笠松に帰ってきた。

帰って一ヶ月くらいしてから腰が痛くなった。捕虜のときのが原因やろうね。ほいで歩きやならんから（歩けないから）、馬に乗って医者に行きかたよ。治るのに一ヶ月ばっかいかかったよ。そいからは父親の加勢をして農業よ。

339 竹ノ内 四夫

親父が馬と牛を飼っとったから、そいで仕事をしよった。畑をひっくり返してね。五年くらい前までは馬と牛がおったよ。子馬や子牛を買《こ》うてきて二、三年して大きくなったら売るのよ。長くおったので五、六年くらいだったね。馬を引いて山に行きおったと。もう七十年くらい前になるよ。材木を担がせておったど。山に行けば柱になるような大きな木があったで。杉やら檜《ひのき》やら。車が来るところまで運搬をしとったよ。木は製材所に持って行ってな。昔から畑をやりながらやっていたね。馬がね、言うことを聞かんで引っ張らんときは大変だったね。休憩して、木が重いから一本を抜いて、そこに置いていくのよ。そしたら馬が行きおったね。二十年くらい前から仕事がなくなった。山を全部切って、もう切るもんがなくなったと。

昔は猟もしよったよ。犬を連れて山に猪猟に行っとった。わしは罠はやらんかったね。銃ばっかい。猪は今もたくさんいるよ。やいやい出てるね。鶏をずっと飼っとる。農協から雌のひよこを買うて、白い雄の鶏は近所の人からもらったけどね。雌は五羽おった。卵をとるのよ。もう三羽は病気で死んだ。今は小さいのが一羽増えて四羽よ。

一番楽しみ

笠松の人の半分はよそから来た人だよね。今の笠松は二百人ばっかりおるね。わしらがこまい（小さい）うちは五十人くらいしかおらんかったよ。少ない集落よ。

今、ゴルフをするからね。グラウンドゴルフやね。もう十二、三年やね。笠松の公園でよ。グラウンドで週に三回、一時間くらいね。みんなで二十二、三人。まあ楽しいよ。今は女の人が多かね。元気な人は来るよ。わしが年長者よ。これが一番楽しみやもん。

畑、木々、竹やぶ、遠くから聞こえる鳥の声。そこの風景に溶け込むように四夫さんは畑仕事をしていた。

何度も訪ねた。三度目になると、いろいろなことを語ってくれた。

343 竹ノ内 四夫

地域の魂に触れる

ジェフリー・S・アイリッシュ

坂之上に暮らす人々と大分親しくなると、ここが自分のひとつの居場所になってきた。当然と言えば当然だが、人と仲良くなることで居心地がこんなに変わるのかと自分でも驚いている。

取材を終えて、一人一人の登場人物に原稿をチェックしてもらったとき、ここの地域の人々との貴重で贅沢な関係を再び味わうことができた。皆さん相変わらずあたたかく迎えてくださり、笑いあったり、上がり口でお茶をいただいたり、また新しい話を聞かせてくださったり。

二年ほど前、学生と坂之上を歩くと決めたとき、私は住民と大学との関係に注目しようと考えていた。地域と大学との距離が近くなるのでは、と期待していたからだ。しかし、地域の人々の話を聞いているうちに、「大学との関係」という視点からどんどん離れていった。それよりも興味深い個人の体験、個人の歴史を知ることとなり、それらを合わせることによって、ひとつの地域の「魂」のようなものに触れることができたことに

気づかされたのだ。

とにかく私にとって学びが多かった。人の話をしっかり聞くことの難しさや楽しさ。地域というものの見方。街も人も外見だけで決めつけることでどんなに損をするか。一人の「昔」にしても、地域の「昔」にしてもいろんな「昔」があることも。坂之上を歩いて縄文土器を見つけたとき、薄く貼ってある「今」のすぐ下に、うんと遠い「昔」があることに感動した。

地域に飛び込んでいった学生たちの行動力は素晴らしかった。普段ならなかなかできないことだと思う。彼らのずっと黙って相手の話を聞くところを見習いたい。私は興奮してついつい話し過ぎてしまう。

初対面にもかかわらず学生たちをあたたかく迎えてくださり、心から語ってくださった坂之上の皆さんに、深く感謝申し上げたい。学生たちにしても、地域の人たちにしても、お互い見も知らぬ人に愛情を注いだこの時間は、とても贅沢なものだったのではないかと私は思う。

今回は総勢五十名もの方々にお話を聞かせていただいた。だが残念なことに紙幅の都合上、全員を掲載することはできな

かった。貴重な時間をいただきながらも掲載できなかった皆さんに、この場を借りてお詫び申し上げるとともに、また別の機会で伺ったお話を活かすことができればと楽しみにしている。

今回の聞き取りや編集の仕事を、橋口博幸と一緒にできたことをとても嬉しく思っている。ここまで気の合う人と久しぶりに出会った気がする。私たちの想いを常に確認し、最善を尽くしてかたちにしてくれたデザイナーの平野昌太郎氏と、原稿を何度も念を入れて読んでくれた鹿児島国際大学の橋口圭太氏や妻の清香に心から感謝したい。やはり皆で力を出し合って何かをつくることほど楽しいことはない。

坂之上の皆さん、これからもよろしくお願いします。またぜひお話を聞かせてください。

何気ない日常の積み重ね

橋口博幸

「大学のある坂之上を中心に、学生たちと住民の聞き書きをしている。出版する予定なんだ。」そう聞いたのは、ジェフリー・S・アイリッシュ（以下、ジェフ）の研究室を訪ねたときのことだった。一年前のことだ。たまたま本屋で手に取った本の著者がジェフであり、その素朴な文章に惹かれ会ってみたくなったのだ。初対面ではあったが「本づくりを手伝ってくれないか？」というジェフの問いかけに、「ぜひ」と即答していた。

それまで坂之上という地域について知っていることと言えば、地名とだいたいの場所くらいのものだった。そんな私が、学生たちの築き上げたご縁のある方々に、ジェフと共に補足の聞き書きをし撮影を行う、というスタイルで参加することになった。毎回わくわくしながらご自宅を訪ね、お話を聞かせていただいた。次第に坂之上のことを考えると、多くの人々の顔や、声、仕草が思い浮かぶようになり、それまで私が坂之上に対して持っていたイメージは何も意味をなさなくなった。

日本を代表する民俗学者に宮本常一（明治四十〜昭和五十六年）がいる。日本中をくまなく歩きまわり、人々の語りに耳を傾け続けた、限りなく目線の低い学者だった（ジェフは氏の名著『忘れられた日本人』を英訳している）。活動の指針としていた言葉に「あるく、みる、きく」というものがある。私は、この言葉は五感を総動員し、可能な限りの「情報」を受け取ることだと思う。そして地域や場を知るのにこれ以上ない方法だとも感じている。地勢的な事実や史実などは書物で知ることができる。だがそこに人々のつながりや人生といったものが何層も重なりあうことで、ある「塊」として地域を捉えられるようになるのではないか。そこには決して特徴のある地域像であったり、ドラマチックな人生ばかりではない、何気ない日常の積み重ねが見えてくる。

その一つのささやかな事例が本書なのだろうと思っている。本書は坂之上という場の特徴や素晴らしさを宣伝する本ではない。人々の暮らす場として坂之上を見て、おぼろげながらも輪郭を浮かび上がらせる試みである。今回の取材を通して、「あるく、みる、きく」を少しだけ実感できた気がした。そして坂之上を好きになり、前よりも一歩、近づけた気がした。

取材を終え、できた原稿を手に各戸を再び訪問した。プライベートな内容を活字化した行為に対し、不快の念や掲載拒否の言葉も覚悟しての再訪だった。だがそれは杞憂に終わった。感謝の言葉をいただき、驚くことのほうが多かった。「私の人生や思いをかたちにしたいと思っていた。だけど自分で本なんて書けない。今回、このような機会をいただけて嬉しかった」とおっしゃっていただいたこともあった。素直に嬉しかった。感謝の言葉はそのまま、われわれへの励ましのように思えた。

われわれの度重なる訪問を嫌な顔ひとつせず受け入れてくださったすべての方々に、心より感謝いたします。皆様と出会えたことで私の人生も豊かになった気がします。皆様の一層の幸せをお祈りいたします。

この素晴らしい、貴重な機会を与えてくれたジェフに感謝したい。彼との共同作業は楽しく、真摯な姿勢に多くを学んだ。また、土地の雰囲気を実際に肌で感じ、美しい装丁をしてくれた、友人であり、デザイナーの平野昌太郎にお礼申し上げます。彼の関わりがなかったら本書はできていなかった。そして最後に、いつも私を支えてくれる家族に感謝します。

写真提供 敬称略

笠松公民館
P.16, 189

別府和志
P.19, 103, 104, 106, 108, 109, 110, 111, 112

内大久保清志
P.22

鮫島宗徳
P.47, 50, 51, 52, 53, 58

藤 明美（西田テル子 撮影）
P.74, 75, 77, 79

口羽勝法
P.84, 89, 90, 91, 92

田淵一夫
P.124, 125, 131

坂之上農協
P.134

桑代光晴
P.156, 157

吉嶺陽子
P.170, 171

新屋満規
P.219

鹿児島国際大学
P.238

伊地知一郎・洋子
P.272, 273, 276, 277, 278, 280

国土地理院
見返し（空中写真）

『谷山村郷土誌 完』
鹿児島国際大学図書館
見返し（古地図）

写真撮影

橋口博幸

ジェフリー・S・アイリッシュ
P.337, 347

波戸上陽平
P.49, 55（左）, 57, 149（右）

金井桃子
P.135, 137

川畑龍馬
P.225

ライフ・トーク
学生たちと歩いて聞いた坂之上の35名

二〇一五年八月十日 初版 発行

著者 ジェフリー・S・アイリッシュ
　　 橋口博幸
デザイン 平野昌太郎

発行者 向原祥隆
発行所 株式会社 南方新社
〒八九二-〇八七三 鹿児島市下田町二九二-一
電話 〇九九-二四八-五四五五
振替口座 〇二〇七〇-三-二七九二九
メール info@nanpou.com
ウェブ http://www.nanpou.com

印刷・製本 株式会社イースト朝日

定価はカバーに表示しています。
乱丁・落丁はお取り替えします。
ISBN978-4-86124-324-0

鹿児島国際大学経済学部経営学科 アイリッシュゼミ
朝沼まゆみ、大迫辰嘉、岩下知美、岩満要斗、金井桃子、
川畑龍馬、楠奈月、作田海成、武元明希香、田中涼太、
水流良太郎、遠山友理、中島興志朗、中村優太、西垂水栄太、
野添隆太、波戸上陽平、松永勇貴

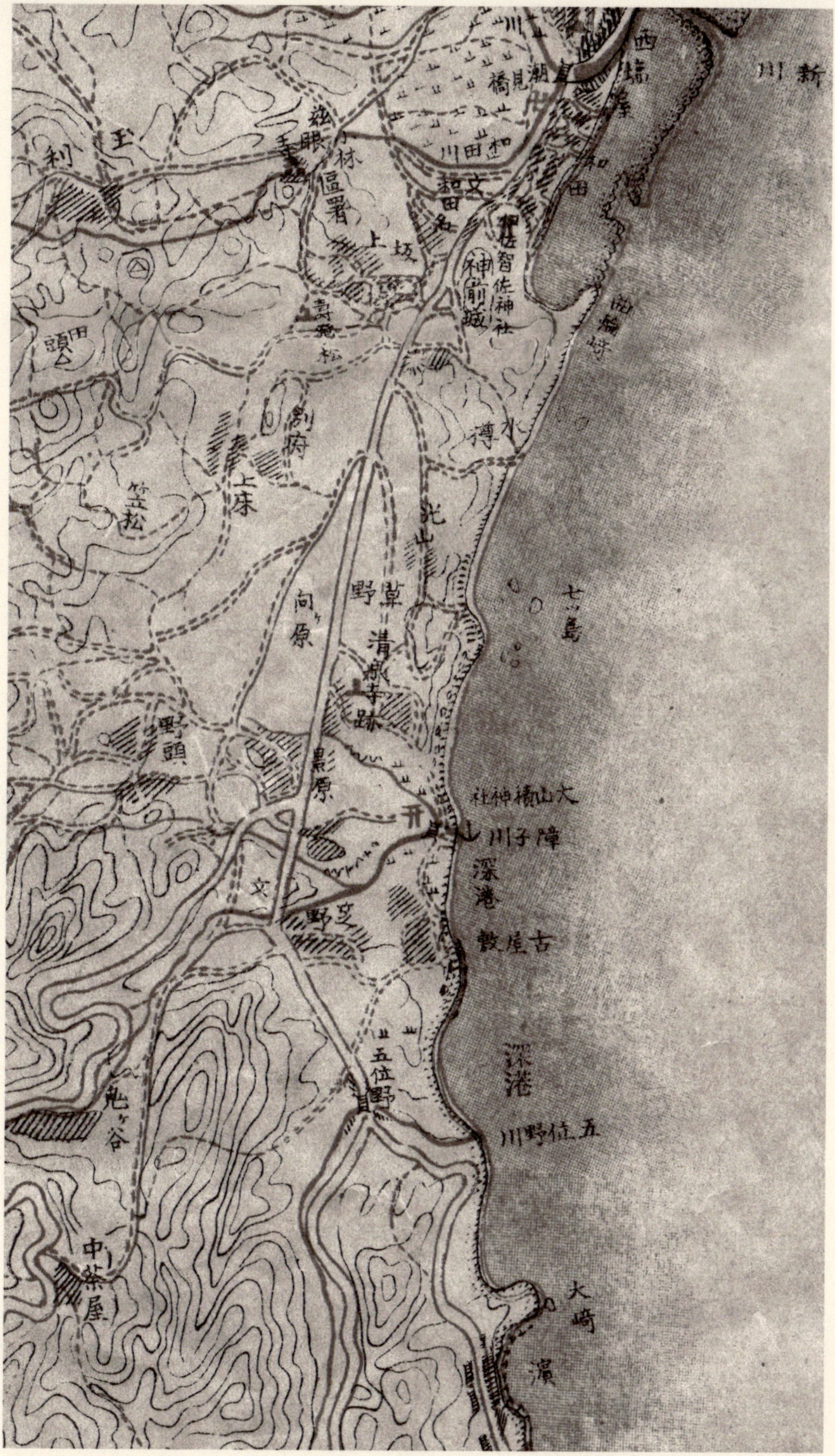
新川
潮見橋
和田川
和田
神前城
別府
上床
笠松
水溝
草野
向原
清泉寺跡
七ッ島
野頭
影原
大山積神社
障子川
深港
古屋敷
五位野
五位野川
鬼ヶ谷
中茶屋
大崎
濱

坂之上 1948年